Accounting for Stock Option

ストック・オプション会計

山下克之

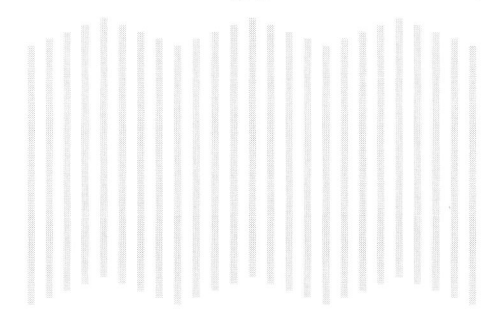

［著］

東京　白桃書房　神田

はじめに

　本書はストック・オプションに関して，ストック・オプション制度及び会計基準の両面から体系的な研究を行ったものである。その中でストック・オプションという不確実性を伴う取引が会計処理に及ぼしている影響を取り上げ，また，付与されたストック・オプションの実態を調査し，ストック・オプションに関する現行の会計基準における問題点を明らかにしている。

　わが国において，ストック・オプションに関する会計基準が設定されたのは，平成17年（2005年）12月企業会計基準第8号「ストック・オプション等に関する会計基準」等の公表によるものである。平成13年（2001年）11月の商法改正において新株予約権制度が導入されたことを契機として新株予約権のストック・オプションとしての利用が活発化していたことを受け会計処理及び開示を明らかにすることを目的として設定された。

　日本での公表に先立ち2004年2月，国際会計基準審議会（International Accounting Standards Board（IASB））より，International Financial Reporting Standard（IFRS）2が，2004年12月には米国において Statement of Financial Accounting Standards No. 123（revised 2004）Share-Based Payment（FAS123R）が公表され，原則，公正価値に基づく費用計上が求められることになり，ストック・オプションの会計基準においてもいわゆる国際的コンバージェンスが図られることとなったものの，ストック・オプションには，権利確定，権利行使，失効及び公正な評価等において不確実な要素があり，会計基準上，引き続き検討すべき課題が残されている。

　そこで本書では，わが国でも利用が定着しているストック・オプションに関して，日本基準，米国基準及び国際基準における会計処理や会計基準について，その発展及び現状を明らかにする。また，日本の法律上での変化や税制について把握する。これらは，日本の会計基準上の問題点について基本的理解を深めるために意義あることと考える。そして，ストック・オプションの費用計上の必要性を認めながらも，権利確定，権利行使，失効及び公正な評価等において不確実な要素があることで生じている問題点について先行研

究を踏まえ取り上げ，特にストック・オプションの簿記上の問題点，そして，ストック・オプションに関する税効果会計についての考察を行う。さらにストック・オプション付与に伴い公正価値に基づく費用計上が求められるようになって以降の日本の新興市場及び日経225構成銘柄企業におけるストック・オプションの付与及び費用計上の動向を示し，実態に即した上で課題の整理を行う。これらの考察に基づきストック・オプションに関する現行の会計基準における問題点を明らかにし，ストック・オプション会計の改善策を提示することを本書の目的とする。

　極めて拙いものではあるが，本書を何とか刊行することができたのは，多くの方々のご指導のおかげである。
　まずは，大学院在学前より親身なるご指導をいただいた野口晃弘先生に心からの感謝を申し上げなければならない。資料の探し方をはじめまさに「いろはのいの字」からご指導をいただき，また，研究活動において志を高く持ち積極的に行動する姿勢も学ばせていただいた。お示しされる基準はとても高く到底いまだ身についておらず，恩師の背中を見て常に省みている。野口先生のお導きがなければ，このような本書をまとめ上げることはできず，その学恩は限りなく大きい。
　大学院においては，友杉芳正先生，佐藤倫正先生，山本達司先生，木村彰吾先生，胡丹先生より，入試時より博士課程の修了時まで，折に触れご指導を賜り，深く感謝している。すばらしい恩師の先生方よりご指導をいただけたことは人生においてかけがえのないものとなった。
　また，民間企業での職を辞した後，赴任先となった追手門学院大学では，会計学領域の梶原晃先生，田淵正信先生，李建先生，井手吉成佳先生，藤原英賢先生，宮宇地俊岳先生はじめ経営学部の多くの先生方より学ばせていただいており，この場を借りて感謝の気持ちをお伝えしたい。
　最後に，本書のような研究書の出版を引き受けていただき，また，構成段階から出版に向けてご相談に乗っていただいた白桃書房社長の大矢栄一郎氏にお礼を申し上げたい。
　なお，本書は2012年度追手門学院大学研究成果刊行助成金による出版補助

はじめに

を受けている。ここに記して感謝申し上げる。

平成25年2月

山　下　克　之

目　次

はじめに

序　章 ··· 1

第1節　本書の背景と目的 ·· 1
第2節　本書の特徴 ·· 4
第3節　本書の構成 ·· 8

第Ⅰ部　米国におけるストック・オプション

第1章　米国におけるストック・オプションの
　　　　会計基準の変遷 ·· 13

第1節　米国における会計基準の変遷の概要 ························ 13
第2節　ARB37及びARB43 ·· 14
第3節　APB25 ··· 17
第4節　公開草案及びFAS123 ··· 19
　1．公開草案　19
　2．FAS123　23
補　論　国際財務報告基準 ·· 23
　1．経　緯　23
　2．G4+1のディスカッションペーパー　25
　3．ED2　26
　4．IFRS2　28
第5節　FAS123R ·· 32

v

第Ⅱ部　日本におけるストック・オプション

第2章　日本におけるストック・オプション制度の変遷 …………39

第1節　制度の変遷の概要……………………………………………39
第2節　擬似ストック・オプション…………………………………40
　1．ストック・オプションが利用できなかった背景　40
　2．オーナー等保有株譲渡方式による擬似ストック・オプション　42
　3．ワラント債を利用した擬似ストック・オプション　43
第3節　特定新規事業実施円滑化臨時措置法に基づく
　　　　ストック・オプション……………………………………45
第4節　自己株式方式と新株引受権方式による
　　　　ストック・オプション……………………………………46
　1．自己株式方式によるストック・オプション　46
　2．新株引受権方式によるストック・オプション　47
第5節　新株予約権方式によるストック・オプション………………49
第6節　会社法におけるストック・オプション………………………50

第3章　日本におけるストック・オプションの
　　　　会計処理の変遷 ……………………………………………53

第1節　会計基準設定までの変遷……………………………………53
第2節　ワラント債を利用した擬似ストック・オプションの
　　　　会計処理……………………………………………………54
第3節　自己株式方式における会計処理……………………………56
第4節　新株引受権方式における会計処理…………………………58
第5節　新株予約権方式における会計処理…………………………59
第6節　ストック・オプションに関する会計の論点の整理…………60
　1．概　要　60
　2．論点整理に対するコメント　64
第7節　企業会計基準公開草案第3号「ストック・オプション等に

関する会計基準（案）」 ··· 65

第4章　日本におけるストック・オプションの会計基準の現状 ································ 69

第1節　貸借対照表の純資産の部の表示に関する会計基準 ············· 69
1．経　緯　69
2．純資産の部の概要　70
3．純資産の部における新株予約権の表示　71

第2節　新株予約権の会計処理 ·· 73

第3節　企業会計基準第8号「ストック・オプション等に関する会計基準」 ·· 74
1．経　緯　74
2．範　囲　76
3．付与から権利行使までの流れ　77
4．会計処理　78
5．開　示　81

第5章　未公開企業におけるストック・オプション会計基準の適用の必要性 ································ 83

第1節　企業会計基準第8号，FAS123R 及び IFRS2の概要と特徴 ································ 83
1．各基準の概要　83
2．各基準の特徴　84

第2節　企業会計基準第8号における未公開企業に対する基準 ············· 85

第3節　本源的価値適用時の株式の評価 ································ 86
1．自社株式評価の必要性　86
2．金融商品会計基準において　87
3．財産基本通達におけるストック・オプションの評価において　87
4．未公開会社の株式時価評価　88
5．企業会計基準第8号適用後の未公開株の評価の事例　90

第4節　会計目的の観点……………………………………………92
第5節　公開準備企業…………………………………………………95
第6節　結　び…………………………………………………………96

第Ⅲ部　問題点の提起

第6章　ストック・オプションにおける税効果会計の必要性……101

第1節　はじめに………………………………………………………101
第2節　ストック・オプションに関する所得税制の変遷……………102
　1．平成7年の新規事業法に伴う平成8年度税制改正　102
　2．平成9年の商法改正に伴う平成10年度税制改正　105
　3．平成13年の商法改正に伴う平成14年度の税制改正　106
第3節　ストック・オプションの税効果会計に関連する
　　　　法人税制及び会計基準………………………………………108
　1．平成18年度法人税制改正　108
　2．会計上の費用計上　109
　3．税務上の損金算入　110
第4節　ストック・オプションにおける税効果会計の基準…………113
　1．日本における税効果会計基準　113
　2．ストック・オプションに関する税効果会計　114
　3．米国会計基準におけるストック・オプションの税効果会計　115
　4．国際財務報告基準におけるストック・オプションの税効果会計　116
　5．米国会計基準と国際財務報告基準の相違　117
第5節　権利確定，権利行使における不確実性に伴う問題…………117
　1．税制非適格ストック・オプションへの税効果会計適用による
　　会計処理　118
　2．繰延税金資産の回収可能性　119
　3．権利確定前のストック・オプション　120
　4．権利確定後のストック・オプション　122

5．将来の不確実性による税効果会計の適用除外　124
第6節　1円ストック・オプションが付与時に
　　　　損金算入されないことに派生する問題……………124
第7節　結　び……………………………………………………126

第7章　新株予約権仮勘定の必要性……………………………129

第1節　はじめに…………………………………………………129
第2節　ストック・オプションの仕訳…………………………130
　1．会計基準の設定までの経緯　130
　2．発行から行使までの仕訳　131
　3．取引要素の結合関係　132
第3節　権利確定日までの不確実性……………………………134
　1．費用認識の考え方　134
　2．費用認識から権利確定日までの貸方　136
　3．会社法における権利確定前のストック・オプション　139
第4節　権利不行使による失効の仕訳…………………………139
第5節　結　び……………………………………………………141

第8章　付与されたストック・オプションの状況……………143

第1節　企業会計基準委員会の平成15年1月報告の調査……143
　1．調査対象　143
　2．制度設計及び権利確定，権利行使の状況　143
　3．費用計上の見込み　144
　4．まとめ　146
第2節　有価証券報告書における開示内容……………………147
　1．開示項目　147
　2．公正な評価額の見積り　149
　3．役員の報酬等の開示　153
第3節　ストック・オプションの実態調査……………………154
　1．ストック・オプションの導入状況　154

2．ストック・オプションの付与に伴う費用計上が損益に
　　　　与える影響調査　161
　　3．役員報酬開示状況　167
　第4節　結　び……………………………………………………………169
終　章　結論及び今後の課題……………………………………179
　第1節　結　論……………………………………………………………179
　第2節　今後の課題………………………………………………………181

参考文献……………………………………………………………………185
　日本語文献　185
　英語文献　194

序　章

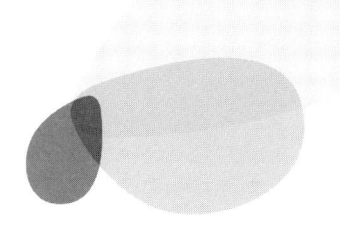

第1節　本書の背景と目的

　ストック・オプションは，一般的には従業員や役員の業務へのインセンティブを高める目的で付与される。そして，労働役務への対価として付与されることから，費用計上をしない場合，利益は過大に計上されるとの問題点が1948年[1]に米国で公表されたストック・オプションに対する会計基準 Accounting Research Bulletins（以下 ARB）37においてすでに指摘がされていたが，費用計上に伴う具体的な公正価値による評価は困難とされ，付与日における費用計上額をゼロとすることができる本源的価値[2]による評価が支持されていた。その後，長い間，本源的価値による評価が適用され，一部のケースを除きストック・オプションの付与に伴う費用計上は行われてこなかったが，2004年12月に Statement of Financial Accounting Standards No.

---

1) 生駒（1967, pp.204-205）は，Baker（1940, p.116）により，1940年当時のストック・オプションの年次報告書での記載状況，ストック・オプションの発行に関する機関決議の状況及びその開示状況等を述べている。また，この頃の会計処理の議論を述べており，第1章脚注3)を参照。
2) 本源的価値（intrinsic value）とは，価値測定日における当該株式の市場価格からオプションの権利行使価格を差し引いた差額（Kieso, Weygandt, and Warfield 2004, p.783）。付与日における本源的価値により報酬費用を評価する場合，通常，付与日において報酬コストが発生しないよう設定される（Wiley 2006, p.795）。本源的価値は，測定時点においてオプションを行使した場合，本源的価値とゼロのうち大きいほうと定義されゼロ未満にはならない（Hull 1997, p.142）。

123 (revised 2004) Share-Based Payment（以下 FAS123R）が公表され，原則，公正価値に基づく費用計上が求められることになった[3]。

わが国において，法律上，ストック・オプション制度がはじめて導入されたのは，平成7年（1995年）11月の特定新規事業実施円滑化臨時措置法（以下新規事業法）改正によるものである。これは新規事業法の認定業者であって株式会社である未公開企業を対象にしたものであった。その後，平成9年（1997年）には商法上ストック・オプションが全面的に解禁になり，自己株式方式によるストック・オプションと新株引受権方式によるストック・オプションが導入された。さらに平成13年（2001年）に商法が改正され，新株予約権方式によるストック・オプションが導入され，平成22年（2010年）6月末時点までに日本の全上場企業の約4割において導入[4]されており新株予約権のストック・オプションとしての利用が活発化している。

また，企業収益に対する費用計上の影響は，企業会計基準委員会（財務会計基準機構2003, p.70）の調査[5]では，連結当期純利益に対する比率をストック・オプションの予想残存期間別で見た場合[6]，最小で1.38％から最大で

---

3) FASBは2009年6月にStatement of Financial Accounting Standards No. 168 The FASB Accounting Standards Codification™ and the Hierarchy of Generally Accepted Accounting Principlesa replacement of FASB Statement No. 162（以下FAS168）を公表し，アメリカにおける一般に公正妥当と認められた会計原則としてAccoutning Standrards Codification（以下ASC）を利用することを承認した。これによりFAS123Rにおけるおもな基準はASC718に定められることになった。なお，本書においては，FAS123Rからの引用パラグラフに加え，FAS123Rの項目に該当するパラグラフが定められているものについてはASC718におけるパラグラフも併せて記す。

4) 費用計上が求められる前，平成8年度（1996年度）までの日本の公開企業における導入企業社数は28社とわずかであったが，平成16年度（2004年度）までの日本の公開企業における導入企業数は1,451社と急増し，おおよそ3分の1の公開企業において導入されていた（三浦，長山，野間，伊藤，千葉2006, p.4）。

5) この調査は，企業会計基準委員会のストック・オプション等専門委員会が平成14年（2002年）12月に「ストック・オプション会計に係る論点の整理」を公表し，その論点整理を進めるなか実施した実態調査。同様に費用計上の利益に対する影響を調査したものに乙政（2001），竹口（2002），田中（2005）がある。これら結果の概要については第8章の脚注4)に記載。

6) 図表序-1を参照。なお，これらの値は中央値のものであり，個々の企業でみるとより影響が生じる場合がある。また，最大6.72％と最小0.70％のばらつきがあり，また，市場別では，各市場とも期間1と期間3の数値がおおよそ2倍とばらつきがあり，費用計上が及ぼす影響は一定でな

序　章

図表序-1　対連結当期純利益に対する費用計上の影響度の試算

(中央値)

市場	期間1	サンプル数	期間2	サンプル数	期間3	サンプル数
総計	1.38%	665	2.43%	724	2.77%	724
東証1部	0.70%	346	1.33%	375	1.55%	375
新興3市場	3.51%	210	5.70%	231	6.72%	231

(注1)　公正価値を試算するためのすべてのデータが入手できたのが895社であり，そのうちデータの欠如等により測定できないものは除かれている。
(注2)　総計には東証1部，新興3市場（JASDAQ，マザーズ，ナスダック・ジャパン（旧称））のほか東証2部等も含まれるため，東証1部と新興3市場のサンプル数の合計が総計のサンプル数と一致しない。
(注3)　公正価値の試算にあたり，評価モデルでのストック・オプションの予想残存期間として，期間1は付与日から権利確定日までの期間，期間2は付与日から権利行使期間の中間時点までの期間，期間3は付与日から満期日までの期間。
出所：財務会計基準機構（2003，pp.59-61，70）

2.77%であり[7]，企業収益への影響は「数%程度」との予測がなされていた[8]（財務会計基準機構2003，p.70，p.75）。

　このようにストック・オプションの導入企業が急拡大し，また，費用計上をした場合，限定的であるものの企業収益への影響があると予測がされていたが，わが国においては，それまで長い間，ストック・オプションに対する包括的な会計基準がなく，費用計上が求められてこなかった。はじめて，ストック・オプションに関する会計基準が設定されたのは，平成17年（2005年）12月企業会計基準第8号「ストック・オプション等に関する会計基準（以下会計基準8号）」及び企業会計基準適用指針第11号「ストック・オプション等に関する会計基準の適用指針（以下適用指針11号）」の公表によるも

　　い。ほかに対売上高，対営業利益，対経常利益，対株主資本に対する影響に関しての調査が行われており，これらの結果を踏まえ，ボラティリティなどの計算要素やオプションの期間の前提が結果へ大きく影響することが明らかになったとしている（財務会計基準機構2003，p.75）。
[7]　野口（1997，p.45）は，Rubinstein（1995）に拠り，計算要素の小さな変化がオプション価格を大きく左右する問題を指摘していた。
[8]　米国投資銀行のベアスターンズが平成17年（2005年）に行った調査では，当期純利益に対してS&P500全体で5%，NASDAQ100全体で22%の影響があるとの報告がなされていた（Bear, Sterns 2005, p.1）。野口（1997，p.43）がNYSE上場12月期企業の91社に対して行った調査では，当期純利益に対して中央値で2.29%，平均値で約5%影響があるとの報告がされている。

のであり，以降，公正な評価額による費用計上が義務付けられている。

　日本基準，米国基準に先立ち2004年2月，国際会計基準審議会（International Accounting Standards Board（以下 IASB））より，International Financial Reporting Standard（以下 IFRS）2が公表され，公正価値に基づく費用計上が求められることとなり，ストック・オプションの会計基準においてもいわゆる国際的コンバージェンスが図られることとなった。公正価値に基づく費用計上により国際的コンバージェンスが図られることになったものの，ストック・オプションには，権利確定，権利行使，失効及び公正な評価等において不確実な要素があり，会計基準上，引き続き検討すべき課題が残されている。

　そこで本書では，わが国でも，利用が定着しているストック・オプションに関して，日本基準，米国基準及び国際基準における会計処理や会計基準について，その発展及び現状を明らかにする。また，日本の法律上での変化や税制について把握する。これらは，日本の会計基準上の問題点について基本的理解を深めるために意義あることと考える。

　そして，ストック・オプションの費用計上の必要性を認めながらも，権利確定，権利行使，失効及び公正な評価等において不確実な要素があることで生じている問題点について先行研究を踏まえ取り上げ，特にストック・オプションの簿記上の問題点，そして，ストック・オプションに関する税効果会計についての考察を行う。これらの考察に基づき新たな問題提起を行うことでストック・オプションに関連するわが国の会計基準がより整備されることを本書の目的とする。

第2節　本書の特徴

　本書には，次の3つの大きな特徴がある。第一は，税制非適格ストック・オプションに適用されることになった税効果会計を取り上げ，権利確定，権利行使等において不確実な要素があり，これらの不確実性[9]により繰延税金

---

9) 本書における不確実性（Uncertainty）の定義は，Knight（1921）に拠り，「測定し得る性質も

資産の回収可能性の判断において困難さが生じていることを指摘し，税効果会計の適用の見直しの必要性を述べていることである。第二は，権利確定以前のストック・オプションの認識について簿記上の観点より考察を行い，権利確定の偶発性，新株予約権として計上される金額の未確定さより，従来の「新株予約権」とは区別し，新たな勘定の設定の必要性を提起していることである。第三は，ストック・オプションに伴う影響が大きいと予想されていた新興市場上場の企業及び日本を代表する企業で構成される日経225構成銘柄企業を対象とした実態調査の結果を示していることである。

　第一の特徴では，税制非適格ストック・オプションに適用されることになった税効果会計を取り上げている。税効果会計について，伊藤（2012，p.204）は，「実現可能な繰延税金資産と負債を適正に表示することこそが目的であり，その結果，当期純利益のゆがみが解消される」としている。そして，繰延税金資産計上に関して，中田（2000，pp.45-55）は金融機関の繰延税金資産と自己資本についての調査を行い，繰延税金資産の自己資本に対する比率が高いことに注視し，「繰延税金資産の計上にあたっては回収可能性を十分検討すること」と述べている。須田（2001，p.92）は中田の調査等に基づき，「繰延税金資産の回収可能性が問題であるとすれば，税効果

のではなく，測定し得ない性質もの」（奥隅（1972, pp.66-67）の邦訳を参考）としている。奥村（2008, p.38）は「ナイトは，将来何が起きるか客観確率のある場合をリスクとし，ない場合を不確実性としゅん別」と述べている。国際財務報告基準である IAS37 Provisions, Contingent Liabilities and Contingent Assets は引当金の見積りに関し，リスク（Risk）と不確実性（Uncertainty）に関し区別し記載をしているが各々の概念は定義されていない。米国の会計基準の Statement of Financial Accounting Standards No. 5 Accounting for Contingencies（以下 FAS5），Statement of Financial Accounting Standards No. 109 Accounting for Income Taxes（以下 FAS109），Interpretation No. 48 Accounting for Uncertainty in Income Taxes（以下 FIN48）においては，偶発債務の発生可能性，繰延税金資産の測定，税務メリットが取れる可能性に関して，「more likely than not」など事象の生じる可能性の大きさについて記載をしているが，不確実性（Uncertainty）の定義はなされていない。なお，FAS109，FIN48においては，「more likely than not」の定義について50％を超える可能性としており，確率を踏まえていると考えることができる。中田（2008, p.6）は，FAS109における繰延税金資産の認定規準「more likely than not」の表現を取り上げ「その内容は具体性に欠け判断基準としては不確実性を含んでいる」としている。日本における引当金，偶発債務，繰延税金資産等に関する会計基準において不確実性は定義されていない。

会計はまさに『資本増強が図れる魔法のつえ』[10]でしかない」と税効果会計の問題点を指摘している。さらに，中田（2008，pp.4-16）は，米国のゼネラルモーターズが2007年度において巨額の損失を発表し，その額に匹敵する繰延税金資産に対する引当額の増額が行われた例を挙げ，巨額の繰延税金資産が計上されることは1982年に税効果会計の導入時には予測しえなかったこととであろうと述べ，繰延税金資産計上の背景と回収可能性の判断が問われていると問題提起をしている。

醍醐（2003，p.163）は，金融機関における税効果会計に関する先行研究の中で，税効果会計を適用することにより，繰延税金資産の回収に大きな不確実性を伴う資産が計上され，財務の実態開示を歪めるのであれば問題である指摘し，税効果会計の適用を問題としている。本書において，税制非適格ストック・オプションに適用されるようになった税効果会計に関し，権利確定，権利行使において不確実な要素があることで繰延税金資産の回収可能性の判断において困難さが生じていることを指摘し，税効果会計の適用の見直しの必要性を述べることは，上記に述べたとおり，先行研究において指摘がなされている税効果会計の見直しの議論を補うものと考える。

ストック・オプションに関する税効果会計における繰延税金資産の回収可能性の判断について論じた先行研究は少ない。名越（1997，pp.57-65）は，1995年に公表されたFAS123までの米国におけるストック・オプションに関する税効果会計の変遷について論述をし，その中で，「会計上の（繰延税金）資産計上（括弧内筆者加筆）いかんによって，費用配分が同じにもかかわらず税効果会計が変化するのは問題かもしれない」としている。ストック・オプションに関するものではないが，齋藤真哉（2003，pp.32-37）は，退職給付に関する長期的差異に係る繰延税金資産を取り上げ，将来の予測税率や将来の課税所得の要素を挙げ「将来の予測要素により大きく影響を受ける性質を持つことになる」と指摘し，会計上の退職給付債務の計算において予測要素が大きく介入することを挙げ，将来の税金支払い額を減少させるか否かの判断は極めて困難であると回収可能性の問題を指摘し，税効果の認識から

---

10) 日本経済新聞平成11年（1999年）4月28日朝刊

除外すべしとしている。税制非適格ストック・オプションへの税効果会計の適用について，本書では「第6章第5節　権利確定，権利行使における不確実性に伴う問題」において，権利確定，権利行使において不確実な要素があることで繰延税金資産の回収可能性の判断の困難さが生じていることを指摘し，ストック・オプションに対する税効果会計の適用の見直しの必要性を述べている。

　次に，本書の第二の特徴である権利確定以前のストック・オプションの認識については，先行研究においては，権利確定後は権利確定前と違った持分の所有者となるとの主張がKaplan and Palepu（2003, pp.105-108）になされている。また，斎藤静樹（2006, pp.1-14）は，現行会計基準においては，日本基準，米国基準，国際基準ともに，権利確定が資本を確定するための「クリティカル・イベント」となっていると指摘している。しかしながら，Kaplan and Palepu（2003, pp.105-108），斎藤静樹（2006, pp.1-14）ともに権利行使前後での貸方勘定の変更は主張されてはいない。なお，権利確定日ではなく権利行使日までの貸方について，仮勘定もしくは負債でも持分でもないメザニンとする考え方については，斎藤静樹（2004, pp.1-16），資産全体に対する評価性引当金勘定とする考え方については，原（2003, pp.91-98）がある。これらに対して，本書では，権利確定以前のストック・オプションの認識について，権利確定前の貸方の勘定について，対象勤務期間があるストック・オプションの場合，サービスの提供の完了による企業とストック・オプション保有者の関係の変化や失効に伴う会計処理との整合性により，権利確定後の勘定とは区別すべきであり，権利確定の偶発性，最終的に新株予約権として計上される金額の未確定さなどにより，「第7章第3節　権利確定日までの不確実性」において「新株予約権仮勘定」等が相当と提起している。

　本書の第三の特徴である新興市場上場企業及び日経225構成銘柄企業を対象としたストック・オプションの実態調査を示すにあたり，まず，わが国におけるストック・オプションの実態調査についての代表的な先行事例として，会計基準8号が適用され費用計上が求められることになる前に行われた企業会計基準委員会によるものを取り上げている。この調査では，企業収益への

影響は公開市場全体において，ストック・オプションの予想残存期間別で見た場合，最小1.38％から最大2.77％であり，「数％程度」との影響があるとの予測がなされていた（財務会計基準機構2003, pp.70, 75）。特に，新興3市場においては，最小3.51％から最大6.72％であり，新興市場では費用計上が及ぼす影響が市場全体より大きく，また，一定ではないことが予測されていた。本書では「第8章第3節　ストック・オプションの実態調査」において，会計基準8号適用後のストック・オプション制度の実態について，費用計上が及ぼす影響が市場全体より大きく，かつ一定ではないことが予測されていた新興市場[11]のうち，日本における代表的な新興市場であるジャスダックのJストック銘柄及び日本を代表する企業で構成される日経225構成銘柄企業について取り上げ，ストック・オプション制度の導入状況及び費用計上の状況を踏まえ，ストック・オプション制度の重要性，それに伴って計上される報酬コストの重要性，さらにその不安定性について述べている。

第3節　本書の構成

　本書における主旨は，1）ストック・オプションに関する日本基準，米国基準及び国際基準における会計処理や会計基準について，その発展及び現状の把握である。そして，1）を踏まえた上での会計基準上の問題提起すなわち特に2）ストック・オプションの税効果会計に関する問題点の指摘と3）

---

11)　新興市場は，昨今，信頼性が問われており，ジャスダック証券取引所は，平成20年（2008年）8月に「信頼と活力ある新興市場の機能向上に向けたアクションプラン」を公表した。そのなかの「新興市場を取り巻く環境に対する基本認識」において，「会計処理や適時開示を巡る不適切なケースも発生しており，新興市場に対する信頼を著しく毀損するような行為，投資者保護の観点から問題が認められる行為が見られる」と述べている。また，「信頼性の向上に向けた制度整備」においては有価証券報告書等への虚偽記載等の例を挙げ，新興市場全体の信用失墜につながる状況が度々見られるとしている（ジャスダック2008, pp.1-2）。そして，日証協，ジャスダック，大証では，新興市場の活性化策や将来像を探るため，証券会社や機関投資家，上場企業をメンバーに「新興市場のあり方を考える委員会」（仮称）を設置するとの報道がなされている（毎日新聞平成20年（2008年）6月11日朝刊）。東京証券取引所においては，平成19年（2007年）4月に「上場制度総合整備プログラム2007」を公表し，その中で「マザーズの信頼性の向上」を取り上げている（東京証券取引所2007, p.10）。

序章

ストック・オプションの簿記上の問題点の指摘である。さらに，会計基準8号により費用計上が求められるようになった後のストック・オプションの実態調査を踏まえた4）費用計上に伴う企業収益への影響状況の把握である。

　第1章から第5章までは，おもにストック・オプションに関する国内外の会計処理や制度の変化の把握と検証を行う。第1章ではおもに先行研究に基づき米国におけるストック・オプションの会計基準の歴史と現行の米国における会計基準であるFAS123Rを概説する。また，ストック・オプションに関する国際基準であるIFRS2を概説する。第2章では，わが国においてストック・オプションが利用できなかった背景や法律上のストック・オプション制度によらない擬似ストック・オプションの内容について記述を行う。そして，ストック・オプション制度がはじめて導入された平成7年（1995年）11月の新規事業法の改正以降の法律上のストック・オプション制度の変遷の概要について概説をする。第3章と第4章では，現行の会計基準が公表されるまでのストック・オプションの会計処理を把握するとともに日本における現行の会計基準である会計基準8号の概要を記述する。そして，第5章では各基準における未公開企業のストック・オプションの評価についての検証を行う。さらに，日本における未公開企業に対するストック・オプションの会計基準について，未公開企業における会計目的の観点より費用計上の必要性の有無についての考察を行う。

　続く第6章から第7章では，ストック・オプションに関する税制について述べるとともに会計基準上の問題提起を行う。第6章では，ストック・オプションに関する所得税制，法人税制及び会計処理を踏まえ，ストック・オプションに関する税効果会計についての記述を行い，会計基準上の問題点の指摘をする。第7章では，会計基準における権利確定以前のストック・オプションの認識及び国際的コンバージェンスに関連する問題について考察し会計基準上の問題点を指摘する。

　第8章では，ストック・オプション付与に伴う費用計上が求められる前に行われた調査に基づき，設計上の要素や費用計上が企業収益に及ぼす影響の予測についての考察を行う。また，新興企業における代表企業で構成されるJストック銘柄の企業及び日経225構成銘柄企業を取り上げ，費用計上が求

められるようになった後の費用計上の企業収益への影響を把握する。

　終章では，本書の結論とストック・オプションの会計に関連する今後の研究課題を示した。

第Ⅰ部

米国における
ストック・オプション

第1章

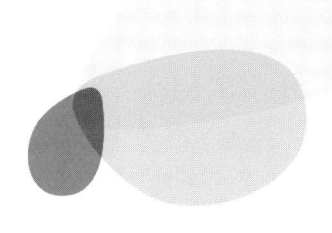

米国における
ストック・オプションの
会計基準の変遷

第1節　米国における会計基準の変遷の概要

　米国において，1948年に米国会計士協会（American Institute of Accountants（以下 AIA））の一機構である会計手続委員会（Committee on Accounting Procedure（以下 CAP））よりストック・オプションに対する会計基準 ARB37が Accounting for Compensation in the Form of Stock Options として公表された。

　費用計上をしない場合，利益は過大計上されるとの問題点がすでに指摘されていた（AIA 1948, par. 1）。1953年には ARB37が修正され，さらにそれまでの基準を再公表する形で ARB43が公表され，ARB43において，具体的な公正価値評価は困難とされ（AIA 1953, Chapter13 Section B par. 12），本源的価値による評価が支持されていた。

　1972年に会計原則審議会（Accounting Principles Board）により APB Opinion 25 Accounting for Stock Issued to Employees（以下 APB25）が公表され，引き続き本源的価値による評価が適用された。通常の固定型ストック・オプションはほとんど費用計上されない一方，変動型ストック・オプションについては行使価格の変動に伴い費用計上が求められることがあった。固定型，変動型ともに従業員や会社が受ける便益は同じでも，費用の測定方法に伴う会計処理の違いにより利益に違いが生じ，利益情報の有用性が批判

されていた（Rouse and Barton 1993, p. 67）。

　1980年代初頭からストック・オプションの会計基準の見直しがAICPAの会計基準執行委員会（Accounting Standards Executive Committee），証券取引委員会（The Securities and Exchange Commission），大手会計事務所等により始められた（FASB 1993, par. 4）。1993年6月に公表されたExposure Draft, Proposed Statement of Financial Accounting Standards, Accounting for Stock-based Compensation（以下公開草案）において公正価値評価が求められたものの，産業界の反対により1995年のStatement of Financial Accounting Standards No. 123, Accounting for Stock-Based Compensation（以下FAS123）においては，引続き本源的価値による評価測定も認められた。

　例えば，Robinson and Burton（2004, p. 97）によると，2002年7月まではFortune 500の内BoeingとWinn-Dixieを除き，引き続き本源的価値による評価測定を行っていた。その後，FASBは2004年12月にFAS123Rを定め，原則，公正価値に基づく費用計上が求められることになり（FASB 2004b, par. 1; ASC718-10-10-2），2005年6月より適用されている（FASB 2004b, par. 69）。

　次節以降，アメリカにおける会計基準の変遷について記述をするにあたっては，アメリカにおいて会計基準が設定された当初から現行のFAS123Rへ至る過程においておもに変化が生じた費用認識の相手勘定，測定の基準日，測定の方法，失効の取扱い等の観点に基づくものとする。なお，これらの観点は，日本における企業会計基準委員会による平成14年（2002年）12月「ストック・オプション会計に係る論点の整理」においても基本的な論点とされたものである。

第2節　ARB37及びARB43

　アメリカにおいて，ストック・オプションに関する会計基準が設定されるのは第二次世界大戦直後まで遡る。1929年10月29日のニューヨーク工業株の大暴落，いわゆるブラックチューズデイに代表される1920年代の株価大暴落

第1章　米国におけるストック・オプションの会計基準の変遷

の原因として，会計報告及び会計手続の企業間の相違にあるのではないかとの関心が高まった（Wiley 2005, p. 2）。1933年に米国会計士協会（AIA）は会計士協会内の会計手続委員会（CPA）とニューヨーク証券取引所の協力のもとで会計報告及び会計処理方法について研究を開始し，1934年にその研究成果をニューヨーク証券取引所へ答申をし，その後さらなる研究が行われ1938年にARBとして公表された（AIA 1953, Preface）。

　1939年9月から1953年1月にわたり，1号から42号までのARBが公表された後，会計手続きに関する34号分について[1]，削除，追加，修正を施し1953年6月にARB43として公表された（AIA1953, Preface, AIA 1953, Appendix A）。

　ストック・オプションについては，1948年11月にARB37 "Accounting for Compensation in the Form of Stock Options"，1953年1月修正版 ARB37 "Accounting for Compensation Involved in Stock Options and Stock Purchase Plans" が公表され[2]，そして，それらは1953年6月に公表された上記ARB43のうち "Chapter 13 Section B-Compensation Involved in Stock Option and Stock Purchase Plans" に含まれた（AIA 1953, Appendix A）。

　ARB37において，ストック・オプションは過去長い間多くの企業に利用されており，取締役を含む全従業員へのストック・オプションの付与につき費用計上が強く求められており，そして，費用計上をしない場合利益は過大計上されるとの問題点がすでにこのころより指摘をされている（AIA 1948, par. 1）。

　ARB43 Chapter 13 Section B における議論は，報酬に含まれるもの含まれ

---

1) 1号から42号までのうち，8号分は "terminology bulletins" という用語解説（AIA 1953, Preface）。そのうち "Reports of Committee on Terminology" というタイトルが6号分（7号，9号，12号，16号，20号，22号）で他に Recommendation of Committee on Terminology-Use of Term "Reserve"（34号），Recommendation of Subcommittee on Terminology-Discontinuance of the Use of the Term "Surplus"（39号）（AIA 1953, Appendix A）。

2) 1953年1月に内容が修正されたことは，ストック・オプション等の利用が極めて大きく広がったこと（"the very considerable increase" との記述）及びストック・オプション等に対する所得税の優遇を定めた IRC（Internal Revenue Code）130A が，1950年に制定されたことを反映したものである（ARB43, Chapter13 Section B 脚注1））。

ないもの,報酬の評価の時期,評価方法等の項目から構成されている。報酬に含まれるもののとして,行使期間中に従業員であることなど一定の義務の定めがあるものとしており,また,投機目的であるものは除外するとしている(AIA 1953, Chapter 13 Section B, par. 3)。報酬に含まれないものとして,増資目的及び役員と従業員による株式の所有割合の拡大を目的としたものとしている(AIA 1953, Chapter 13 Section B, par. 4)。

報酬の評価の時期については,ストック・オプションにおける主要な問題であると主張がされており,オプションが存在する期間は長く,その間,公正株価は変動しており,オプションのどの時点での評価を選択するかは非常に重要であるとしている(AIA 1953, Chapter 13 Section B, par. 6)。そして,評価の測定日としてストック・オプションのプランが採用された日,付与日,権利確定日,権利行使期間の最初の日,権利行使日,権利行使により取得した株式の売却日[3]を候補として挙げ検討を行っており,おもに労務に対する対価性の観点及び付与における従業員としての立場の観点により付与日が支持されている(AIA 1953, Chapter 13 Section B, pars. 6-11)[4]。

評価方法については,付与日における本源的価値が推奨されており,公正な株価が行使価格を上回る場合を評価の対象としている(AIA 1953, Chapter 13 Section B, par. 12)。そして,市場価格による公正な株価が得られない場合でも,公正な評価をすべきとしている(AIA 1953, Chapter 13 Section B, par. 13)。ARB43 Chapter 13 Section B においては,上記の議論のほかに,労働サービス期間において費用計上をすること,開示については,財務報告書において期末にオプションの対象となっている株数,行使価格,行使可能にあるオプションによって発行される可能性のある株数,及び期中にオプション行使によって発行された株数とその行使価格を記載することを

---

3) 生駒(1967)は候補として挙げられたこれらの評価の測定の日について,行使日差額説,財産日差額説,交付日差額説等を挙げ検討をしている。そして,行使日差額説においてはDillavou (1945),財産日差額説においてはDohr (1945),交付日差額説においては改訂版ARB37及びGutknecht (1961)のそれぞれの内容により検討をしている。

4) 藤田(2005, p.11)は「ARB43-13(Chapter 13を示す―筆者)の最大の貢献は,報酬費用の認識時点は『特定個人への権利付与日』であることを,消去法によって明らかにしたこと」と述べている。

求めている（AIA 1953, Chapter 13 Section B, pars. 14-15）。

このARB43において，労務に対する対価性の認識がされ，報酬の評価の認識の時期として付与日が推奨され，そして労働サービス期間において費用計上をすることが示されたことは今日のストック・オプションの会計基準と軸を一にするものである。また，評価方法については，本源的価値が推奨されたものの市場価格による公正な株価が得られない場合でも，公正な評価をすべきとの指摘も今日の会計基準に繋がるものである。

このようにすでに1953年にARB43においてストック・オプションの会計処理について検討されたものの，費用認識を付与日における本源的価値としたことにより，行使価格を固定とするストック・オプションにおいて費用計上がされることはほとんどなかった（Wiley 1994, pp. 575-576）。

第3節　APB25

1972年に会計原則審議会（Accounting Principles Board）よりAPB25が公表された。APB25は，発行される株式数や行使価格が変動するタイプの変額ストック・オプション（Variable Stock Option）が発行されるなどこれまでの通常のストック・オプション（Traditional Stock Option）[5]の発行形態の多様化（AICPA 1972, pars. 2, 4）を背景として，報酬の測定方法についてARB43において再規定している（AICPA 1972, par. 4）。

まず，ストック・オプションを報酬性の有無で，報酬的方式と非報酬的方式（野口2001, p.28）に区別し，最低限，次の1）から4）の条件を満たすものを非報酬的方式としている（中村1984, p.198）。1）発行済の株式の一定割合を保有する従業員及び取締役を除く，限定された雇用条件に該当するフルタイムの従業員に付されたもの，2）付与される権利を有する従業員に対して，給料や賃金に対する統一した一定割合を基準の付与されたもの（従業員が購入できる株式数を制限することはできる），3）行使期間が合理

---

5) 変額ストック・オプション及び通常のストック・オプションの邦訳は野口（1994b, p. 151）に基づく。

的な期間に制限されているもの，4）行使価格が市場価格より大きく下回らないもの（AICPA 1972, par. 7）。上記の条件を満たさないプランは報酬的方式としている（AICPA 1972, par. 8）[6]。

ストック・オプションの評価の時期に関しては，通常のストック・オプションと変額ストック・オプションに分類して規定をしている（AICPA 1972, par. 10）。評価時期に関しては，通常のストック・オプションの場合，株式発行数と行使価格が一番初めに決まる日であり，すなわち付与日となり，ARB43からの変更はない（AICPA 1972, par. 10）。変額ストック・オプションの場合は，付与日ではなく株式発行数と行使価格が一番初めに決まる日が評価日となる（AICAP 1972, par. 10, par. 27）。

評価方法については，通常のストック・オプションと変額ストック・オプションともに市場株価からオプション行使価格を引くとされており（AICPA 1972, par10, par. 23）本源的価値による評価となっている。ARB43ではストック・オプションの価格を求めるときの株価の公正価値は市場株価のみによらないとされていたが（AIA 1953, Chapter 13 Section B, par. 13），APB25においては，市場価格を株価の公正価値とした（AICPA 1972, par. 10）。

費用計上については，評価時期に本源的価値がある場合は，本源的価値相当分の全額を繰延役員報酬（unearned compensation）として計上し，以降役務の提供が行われた期間に費用計上をすることとしており，また，繰延役員報酬は株主持分（stockholders' equity）から控除しなければならないとされており（AICPA 1972, par. 12-14），繰延役員報酬は資本勘定における評価勘定とされた[7]。変額ストック・オプションの場合は，期末時の株価に拠って見積計上がされ，株価の変動に拠って費用の見積りの再計算をすることとされた（AICPA 1972, par. 28）。

失効については，勤務条件を満たさず失効したストック・オプションは，

---

[6] 野口（2001, p.28）は，ストック・オプションが従業員に対して一律，平等に付与されたとしても，実質的に基本給の一部であれば報酬性は否定できず，そして，測定された金額が重要でない方が「非報酬的であると理解するほうが合理的」と述べている。

[7] 繰延役員報酬及び評価勘定という表記については中村（1984, p.199）に基づく。

失効したストック・オプション分の既費用計上分を失効した期間において費用を減額し修正するとしている（AICPA 1972, par. 15）。開示については，前述のARB43 Chapter 13 Section B, par. 15に記載してあるとしている。

上記のとおり，APB25では，報酬性の規定がより仔細にされたこと，発行形態の多様化を背景として変額ストック・オプションについての記載がなされたこと，前受費用計上及び費用計上の相手勘定として資本控除の会計処理が示されたこと，失効についての会計処理が示されたこと等がARB43と比べより仔細なものとなった。一方，公正価値の範囲を株価の市場価格としたことは，オプション評価モデルによる公正価値評価を取り上げている現在の会計基準の観点から判断すれば，評価についてはARB43より後退したものと言えよう。

ストック・オプションを費用認識すること自体はARB43と変化はなく，また，評価時期及び評価方法は，変額ストック・オプションを除き付与日における本源的価値による評価により費用計上することもARB43と変化はない。開示についても変化はない（AICPA 1972, par. 19）。失効については，APB25にて会計処理が示されたもののそれは権利確定前の状態のストック・オプションについてであり，権利確定後の不行使による失効については特に言及されていない。

第4節　公開草案及びFAS123

1. 公開草案

1972年APB25が公表され，ARB43と同様に引き続き本源的価値による評価が適用された。APB25においては，通常の固定型ストック・オプションは，被付与者が税法上の優遇を受けるためには行使価格が付与日の公正市場価格を下回ってはならないと内国歳入法上（422条(b)(4)）において定められており，本源的価値はゼロで付与されることがほとんどで費用計上されることはなかった[8]。一方，変動型ストック・オプションについては行使価格の

---

[8] 内国歳入法の条文により，ストック・オプションが費用計上されなかった背景について，野口

変動に伴い費用計上が求められることがあり[9]，固定型，変動型ともに従業員や会社が受ける便益は同じでも，費用の測定方法に伴う会計処理の違いにより利益に違いが生じ，利益情報の有用性が批判されていた（Rouse and Barton 1993, p. 67）。

1982年にAICPAよりIssues Paper「従業員資本累積制度の会計」（Accounting for Employee Capital Accumulation Plans）が公表され，そして，これに基づいて，1984年5月にFASBよりInvitation to Comment「従業員に特定の権利を付与する報酬制度の会計」（Accounting for Compensation Plans Involving Certain Rights Granted to Employees）が公表され，ストック・オプションの会計基準の見直しが始められた[10]。そして，その後も，AICPAの会計基準執行委員会（Accounting Standards Executive Committee），証券取引委員会（The Securities and Exchange Commission），大手会計事務所等においてストック・オプションの会計基準の見直しが進められ（FASB 1995, par. 5），1993年6月公開草案が公表された[11]。

公開草案では，評価時期及び評価方法については，付与日（grant date）における公正評価（fair value）によって測定されることとされた（FASB 1993, pars7, 10）。そして，公正価値の定義としてStatement of Financial Accounting Standards No. 107, Disclosures about Fair Value of Financial Instrumentsのパラグラフ5及び11での定義に基づき，市場価格もしくは市場価格が入手不可能な場合は市場価格と同等なものかオプションプライシン

(1989, p.39) は，Boudreaux & Zeff（1976, p.158）及びHaley & Ratcliffe（1982, p.35）を参照し述べている。内国歳入法422条については，黒田（1999, pp.39-43）が詳しく述べている。

9) 1978年にAPB25の解釈として"FASB Interpretation No. 28, Accounting for Stock Appreciation Rights and Other Variable Stock Option or Award Plans"が公表され，変額ストック・オプションの他にStock Appreciation RightsにもAPB25が適用されることを述べている（FASB 1978, par. 2）。

10) 野口（2004, pp.112-113）は，これらのストック・オプション会計の見直しの議論はAICPAがFASBを先導する状況であったと述べている。

11) 公開草案の公表の前までに，ストック・オプション付与に伴い報酬費用が発生することに関してFASBで合意がなされており，また，ストック・オプショを持分証券に分類することについてもFASBにて決定がなされていた。ストック・オプションを持分証券として分類するとの決定がされるまでの経緯については，野口（2004, p.113）に詳しい。

グモデル等の評価技法（valuation techniques）による評価を推奨している（FASB 1993, par. 13)[12]。

ストック・オプションの評価が評価技法による公正価値評価が採用されたことで，変額ストック・オプションも付与日に評価されることになり，APB25における，固定型と変額型の会計処理の違いに基づく費用計上額の差異の問題は解消されることになった[13]。未公開企業（nonpublic entity）においてはプライシングモデルを用いるとき将来の株価の期待変動率を考慮する必要はないミニマムバリュー法（minimum value method）としたもの（FASB 1993, par. 17, 134），未公開企業にも公正価値評価を求めている。

会計処理については，付与日において前払報酬（prepaid compensation）として資産勘定及び未行使ストック・オプションとして資本の増加（additional equity）を認識することとされ，前払報酬はストック・オプションを付与された従業員からのサービス提供期間にわたり費用認識することとされている（FASB 1993, par. 20)。権利確定前の失効については，付与日現在で失効数を見積もること及び見積りと相違する場合は過年度の報酬コストは修正されることとされ（FASB 1993, par. 15)，権利確定後未行使により失効したストック・オプションについては，以前認識をした報酬コストは取り消さないとしている（FASB 1993, par. 20)。

開示については，APB25においては，ARB43（AIA 1953, Chapter 13 Section B, pars. 14-15）と同様に，財務報告書において期末にオプションの対象となっている株数，行使価格，行使可能にあるオプションによって発行される可能性のある株数，及び期中にオプション行使によって発行された株数とその行使価格を記載することを求められていた（AICPA 1972, par. 19)。公開草案においては，より仔細な記載が以下のとおり求められている。

---

12) プライシングモデルについては，行使価格，オプションの満期までの期間，現在の株価，株価の期待変動率，期待配当及び安全資産の金利が反映されるブラックショールズモデル，2項モデルが挙げられている（FASB 1993, par. 16)。

13) APB25による会計処理と公開草案による会計処理の相違の検証を，野口（1994b, pp.151-159）が行っており，「APB25では報酬制度の形式により費用計上される報酬額に大きな差が生じる」（1994b, p.157)，『公開草案』ではそのような矛盾を取り除く努力が払われ，特定の制度を極端に優遇することのない基準となっている」（1994b, p.158）と述べている。

権利確定の要件，付与されたストック・オプションの最長行使期間，付与したストック・オプションの行使によって増加する株数（FASB 1993, par. 30）。期首，期末における行使可能なストック・オプション数とそれらの行使価格の加重平均（FASB 1993, par. 30 (a)(1)），そして，年度中に付与されたストック・オプション数，行使されたストック・オプション数，権利確定前に失効したストック・オプション数，権利確定後に失効したストック・オプション数及びそれらの行使価格の加重平均（FASB 1993, par. 30 (a)(2)）。

　さらに，年度中に付与されたストック・オプションの公正価値の加重平均，それらストック・オプションが付与日において，イン・ザ・マネー，アット・ザ・マネー，アウト・オブ・ザ・マネーのいずれの状態であったのかの記載（FASB 1993, par. 30 (b)），公正価値評価の方法及び公正価値評価を見積もるために使用したリスクフリーレート，株価の期待変動率，期待配当（FASB 1993, par. 30 (c)）等と多岐にわたっていた。

　この公開草案において公正価値評価が求められたこと，すなわち，これまでのAPB25における本源的価値による評価では費用計上されることがなかったストック・オプション付与に対して，費用計上が求められることになったことが，公開草案における非常に重要な変更点である。また，APB25においては，付与日における借方が株主持分からの控除であったものが，前払報酬としての資産勘定となり，貸方は未行使ストック・オプションという資本勘定のままであり，付与日において資本が増加することとなった[14]。

　権利確定前の失効についてAPB25においてはストック・オプションの価値判定の対象となるオプション数が発行されたすべてのオプション数であったものが，公開草案においては，権利確定前の失効の見積りを反映させた数とすることとされた。また，APB25と比べ公開草案においては，求められる開示の内容が仔細になったことも主要な変更点である。

---

14)　野口（1993, pp.72-79）は，繰延役員報酬を株主持分からの控除とするAPB25の会計処理を評価勘定説，繰延役員報酬を前払報酬としての資産とする公開草案の会計処理を前払費用説として，前払費用説と評価勘定説の比較検討を行い，そして，前払費用説に対して，繰延資産の定義，株式引受未収金等の資本の払込に対する同様の会計処理との比較及び資本の認識の時期の問題点を指摘している。

2. FAS123

　公正価値評価により費用計上を求める公開草案に対しては，産業界から強い反対がなされ，議会を巻き込み政治問題化したのであった[15]。その後，1995年にはFAS123が公表され，公開草案と同様に固定型，変額型ともに付与日における公正価値評価が推奨されたものの（FASB 1995, par. 1），FAS123においては，公正価値評価のほかにAPB25による本源的価値による評価も従来通り認められることになった（FASB 1995, par. 5）。ただし，APB25による本源的価値による評価に拠って会計処理をした場合は，財務諸表の注記事項としてFAS123を採用した場合の純利益，一株あたり利益の開示が求められることになった（FASB 1995, par. 45）。

　未公開企業についても本源的価値による評価が従来通り認められ，開示においては，公正価値評価もしくは公開草案時に認められていた公正価値の見積りにおいて将来の株価の期待変動率を考慮する必要はないミニマムバリュー法評価（FASB 1995, par. 20）による純利益の開示が求められることになった。

　権利確定前に失効した場合には，公開草案において提案がされた付与日において失効数を見積もることにより費用計上するという方法とAPB25と同様に付与日に見積りを行わず失効時に修正をする方法も認められ公開草案の段階とは相違するものとなった（FASB 1995, par. 168）。権利確定後未行使により失効したストック・オプションについては，以前認識をした報酬コストは取り消さないとしており（FASB 1995, par. 26），公開草案の段階と変更はない。

補論　国際財務報告基準

1. 経　緯

　米国におけるFAS123Rに先立ち2004年2月，IASBより，IFRS2[16]が公

---

15) アメリカにおける政治問題化については，野口（1994a, pp.65-70），大塚（1995, pp.67-77），Beresford（1996, pp.125-130），Dechow, Hutton, and Sloan（1996, pp.3-4）に詳しい。
16) 同時にBasis for Conclusions on IFRS2 Shared-based Payment（以下IFRS2BC）が公表され

表され,公正価値評価による費用計上が求められるようになっていた。そして,ストック・オプションの会計基準においてもいわゆる国際的コンバージェンスが図られることとなった (FASB 2004c, Q22)。

IFRS2が公表されるまで,国際会計基準においてストック・オプションは,1998年2月改訂のIAS19「Employee Benefits」[17]で取り扱われていたが,ストック・オプションを含む持分報酬給付に関する認識及び測定については要件を明示しておらず,持分報酬給付の定義 (IAS19, par. 7) 及び持分報酬制度について要求されている開示項目 (IAS19, par. 147) が列挙されていた。そして,ストック・オプションの公正価値の開示については,株式オプションの公正価値を算定する適切な方法について国際的な合意がないため要求しないこととされていた (IAS19, par. 152)[18]。

2000年に国際証券監督者機構 (International Organization of Securities Commissions) が同機構の国際財務報告基準に関する報告書の中で,株式報酬の会計処理について,国際会計基準委員会 (International Accounting Standards Committee (以下 IASC))[19] は検討すべきと提唱をしていた

IFRS2に対する結論の根拠の説明がなされている。なお,本書におけるIFRS2及びIFRS2BCに関する用語等の日本語訳は,IASBの出版物を著作物として持っている国際会計基準委員会財団 (International Accounting Standards Committee Foundation) が指名したレビュー委員会により翻訳が完成され,企業会計基準委員会及び財団法人財務会計基準機構の監修のもと発刊されている翻訳版に基づく。

17) IAS19は,1980年4月 Exposure Draft E16 "Accounting for Retirement Benefits in Financial Statements of Employers" の後,1983年に IAS19 "Accounting for Retirement Benefits in Financial Statements of Employees" として公開されたものであった (会計事務所 Deloitte のホームページ "Summaries of International Financial Reporting Standards" の "History of IAS19" http://www.iasplus.com/standard/ias19.htm)。鈴木,古市,森 (2004, p.25) に拠れば,会計処理につき複数の選択肢を認めるものであったため,その後の比較可能性プロジェクトの一環として1993年に IAS19「Retirement Benefit Costs」として改訂され,1998年には IAS19「Employee Benefits」として再び全面改訂がされた。

18) 荻原 (1999, pp.206-207) に拠れば,当時,ストック・オプションに関する会計処理基準の設定が見送られていた背景として,「各国の法制度に適合する基準を設定する困難さ」,「米国において会計処理方法の統一に失敗し,基準設定が政治問題化したこと」,「オプションプライシングモデルが米国以外では信頼を得ていないこと」,「IOSCO (証券監督者国際機構) からの要求が高くないこと」を挙げている。

19) IASBの前身。

(IFRS2BC 2004, par. BC3)。同年7月にはG4+1[20]より，ディスカッションペーパーが公表された（IFRS2BC 2004, par. BC4）。2001年7月にはIASCは株式報酬に係るIFRSに関するプロジェクトを開始し，同年9月にG4+1のディスカッションペーパーに対する追加のコメントを求めた（IFRS2BC 2004, par. BC6）。2002年11月のIFRS2公開草案2号（Exposure Draft, Share-based Payment 以下ED2）の公表の後，2004年2月にIFRS2が公表され，2005年1月1日以降より適用されている[21]（IFRS2 2004, par. 60）。

2. G4+1のディスカッションペーパー

2000年7月にG4+1より公表されたディスカッショペーパーにおけるおもな提案は，ストック・オプションの付与に伴い費用計上をすること，ストック・オプションの測定は公正価値に基づくこと，測定の基準日は権利確定日とすること（IASC 2000, pars. 3-5）であった。

測定の基準日が権利確定日とされたことは，当時の米国の会計基準であるFAS123とは相違したものであり，注目されるものであった[22]。ディスカッションペーパーでは選択可能な測定日として，権利付与日，勤務日，権利確定日，権利行使日を挙げ検討を行っている。そして，権利確定日にはじめて対価としての財貨やサービスの提供を完了し，また。企業がこのような対価を受け取ることが持分商品を発行する前提となっているとの理由を挙げ，権利確定日を測定の基準日としている。

権利付与日については，権利付与日以後，ストック・オプションは権利が確定しないで失効し変動する可能性があり，厳密な権利付与日の測定には変

---

20) G4+1は，オーストラリア，カナダ，ニュージーランド，英国，米国の会計基準設定機関とIASCによって構成されていた。

21) 2006年2月にはAmendment to IFRS 2 Share-based Payment Vesting Conditions and CancellationsのExposure Draftが公表され，2008年1月17日に最終版（以下改定IFRS2）が公表され，権利確定前の失効の会計処理の変更等がなされている（改訂IFRS2, par. 28）。そして，2009年1月1日以降に開始する事業年度より適用されることとなっており，早期適用も認められている（改訂IFRS2, par. 62）。

22) 財務会計基準機構（2003, pp.18-19）は，ディスカッションペーパーにおいて特に注目される点として，ストック・オプション費用の測定は公正価値によるとした点及び報酬の測定の基準日が権利付与日でなく権利確定日とされた点を挙げている。

動に応じた修正が反映されない。また，権利付与日にはオプションを受け取る側も付与する側も契約が未履行であることを挙げ，金融商品の定義を満たさないとしている。これらの理由により権利付与日を基準日から退けている。勤務日については，権利確定までに従業員のサービスの提供は完了していないことを挙げ基準日より退けている。権利行使日については，ストック・オプションは経済的便益を他の当事者に移転する義務がなく，概念フレームワーク上，負債ではなく持分であるとした上で，権利行使日とすると権利行使まで当該商品の価値変動を再測定することになり，すなわち当該商品を負債と扱っていることになり，持分の定義と反するとの理由で，権利行使日は退けられている（IASC 2000, par. 5）[23]。

野口（2001, pp.31-32）は，権利確定日を測定日とした場合においては，役務提供とは関係がない株価の要因により役務の価値が変動してしまうことや権利確定までに提供された役務提供に関する会計処理が従来の役務提供に関する会計処理と齟齬が生じるといった問題点の指摘をしている[24]。

3. ED2

2002年11月にIASBよりED2が公表され，2003年3月まで広くコメントを求めた。このED2は，1995年に公表されたFAS123及び2000年に公表されたG4+1のディスカッションペーパーを参照して検討が進められたものであった（上田2002, p.1）。

ED2においては，株式報酬取引（share based-payment）[25]を，持分決済型，現金決済型，現金選択権付の3つの類型に分け（IASB 2002 par. 13），それ

---

23) 権利確定日が測定の基準日とされていることについて，財務会計基準機構（2003, p.19）は，「G4+1のディスカッションペーパーで最も重視されているのは，企業から従業員に対して，ストック・オプションという持分証券が引き渡されているという事実」であると述べ，「『持分証券の引き渡し』が行われたのは，企業と従業員との間の約定が結ばれたに過ぎない権利付与日ではなく，それ以降は企業がオプションの行使を拒否できない期日である権利確定日」であると述べている。
24) 奥三野（2002, pp.101-137）はG4+1のディスカッションペーパーとFAS123と1995年の公開草案を測定の基準日に基づき比較を行い，「早期行使という不確実性」と「権利喪失の可能性という不確実性」が各基準でどのような扱いになるかを検証している。
25) 「株式報酬取引」の邦訳は，企業会計基準委員会専門研究員であった上田（2003）に基づく。

第1章　米国におけるストック・オプションの会計基準の変遷

ぞれに応じた会計処理案が提案されている。本書においては，ストック・オプションが含まれる持分決済型の会計処理に関連して，特に，当時の米国の会計基準であるFAS123やG4+1の基準と比べ相違があると野口（2001, p.130）より指摘がされていた報酬費用の算定に関する会計処理について述べる。

　持分決済型の会計処理においては，企業が受け取った財貨又はサービスの額，そして対応する資本の増加は，受け取った財貨又はサービスの公正価値か，付与された持分金融商品の公正価値か，いずれか公正価値が容易に算定できる方で測定するとしている。そして，測定日は，財貨又はサービスの公正価値で測定する場合は，財貨又はサービスを受け取った日とし，付与された持分金融商品の公正価値で測定する場合は，付与日としている（IASB 2002 par. 14）。

　すなわち，ストック・オプションが付与された場合は，権利付与日におけるストック・オプションの公正価値で，権利確定期間中に受け取るサービスの公正価値を評価し，その評価した公正価値を，受け取ると見込まれるサービス単位数で割り，単価を計算するとされている。そして，その単価に，各会計期間中に受け取ったサービスを乗じて，その会計期間中の費用計上が額を算定するとしている（IASB 2002, par. 15）。

　野口（2001, pp.128-132）に拠れば，費用計上額の算定において，FAS123は付与された持分証券の公正価値に対して失権分を調整し費用計上額を決めており，G4+1は，権利確定した持分証券の公正価値に基づき費用計上額を決めており，いずれも貸方である持分証券の価値から，借方に計上をする費用計上額を決める処理となっている。しかしながら，EDにおいては，実際に権利確定するストック・オプションの数は会計処理には影響されず，提供された役務の数量が問題となっているとしている。

　そして，持分証券は発行後の価格変動は損益計算書には反映されないことを挙げ，FAS123とG4+1の会計処理の差は，どの時点において持分証券が発行されたとするのかの違いによって生じていると述べるとともに，ED2においては，「権利確定しなかったストック・オプションについても役務提供を受けていた場合には払込資本の増加を計上する」こととなっており，これ

までの基準とはまったく違った考えがとられているとしている。

すなわち，ED2では，ストック・オプションという持分証券がいつの時点で発行されたかの観点は報酬費用の算定において重要ではなく，あくまで，役務提供が行われたか否かに基づき報酬費用が算定され，費用計上額と対応する資本の額が決められている。

なお，IFRSの発効日については，2003年末までにIFRSが公表された場合は，2004年1月1日以降に開始する期間に係る年次財務諸表より適用されることとされていた（IASB 2002, par. 56）。

4. IFRS2
(1) 適用範囲

IFRS2では，企業が受ける財貨（goods），サービス（services）に対して株式（shares）もしくはストック・オプション（share options）を含む持分金融商品（equity instruments）が付与される持分決済型の株式報酬取引（equity-settled share-based payment），企業が負債を負うことになる現金決済型の株式報酬取引（cash-settled share-based payment），持分金融商品もしくは現金（又は他の資産）が付与される現金選択権付の株式報酬取引（share-based payment transactions with cash alternative）の3分類の取引を適用範囲の対象としている（IFRS2, par. 2(a)-(c)）。

そして，この3分類ごとに会計処理を規定している[26]。このような3分類を対象としている点について，米国におけるFAS123Rと同様であるが，日本における会計基準8号及び適用指針11号は，持分決済型の株式報酬取引についてのみ対象としており現金決済型及び現金選択権付の取引を対象としておらず，FAS123R及びIFRS2との差異が生じている[27]。なお，以下，本章

---

[26] 持分決済型の株式報酬取引についてはIFRS2 pars. 16-29及びIFRS2BC pars. BC29-237，現金決済型の株式報酬取引についてはIFRS2 pars. 30-33及びIFRS2BC pars. BC238-255，現金選択権付の株式報酬取引についてはIFRS2 pars. 34-43及びIFRS2BC pars. BC256-268において規定されている。

[27] 会計基準8号が，現金決済型及び現金選択権付の取引を対象としないことについて，「我が国におけるストック・オプション制度の運用の実態に即して，その会計処理を明らかにする必要性に応えることを主な目的とするものであることから，自社株式オプションや自社の株式を財貨又

の記述においては，持分決済型の株式報酬取引についてのみを対象とする。

(2) 費用の認識の考え方

企業は，株式報酬取引で取得した財貨又はサービスを，取得した時に認識しなければならないとされている。そして受け取った財貨又はサービスは，借方において費用として認識をされ，貸方において持分[28]として認識をしなければならないとされている（IFRS2, pars. 7-8）。

持分金融商品の付与に伴い取得したサービスを費用として認識することに対して，資産の流出や負債の発生がなく，IASBのフレームワーク（Framework for the Preparation and Presentation of Financial Statement（以下IASBフレームワーク））の費用認識の定義と整合しないとの指摘がされていた（IFRS2BC, pars. BC45-46）。IASBフレームワークにおいて「費用は（中略）資産の流出や償却又は負債の発生という形で，会計期間における経済的便益の減少を表すもの（IASBフレームワーク，par.70）」とされている。

このような費用認識は費用の定義と整合しないとの指摘に対して，IASBのフレームワークに基づき，資産という用語は貸借対照表上で資産として認識される資源に限られるものではない[29]とし，企業が従業員等より取得したサービスは資産に該当し，これらの資産は直ちに費消される[30]としている

はサービスの取得に対価とする取引に限って検討を行った」ということが挙げられている（会計基準8号，par.28）。

28) 現金決済型の株式報酬取引については，貸方は負債として認識をするとされている（IFRS2, par. 7）。

29) IASBのフレームワークにおいて，資産及び負債の定義を明らかにしているが，貸借対照表上に認識される基準を特定しているのではなく，資産及び負債には貸借対照表の資産及び負債として認識されない項目が含まれるとしている（IASBフレームワーク，par.50）。なお，IASBのフレームワークは，1988年にIASCより公開草案が公表され，1989年IASC理事会で承認され，その後，2001年4月にIASBにより採用されたものである（アーンスト・アンド・ヤング2006, p.131）。

30) IFRS2は，FASBの財務会計諸概念に関するステートメント第6号（Statement of Financial Accounting Concepts No. 6 Elements of Financial Statements（以下SFAC6））の次項を引用している。「個人的なサービスを含む，その他の企業により提供されるサービスは貯蔵することは出来ず，受領と同時に費消される（中略）当該サービスは瞬間的に企業の資産となる（SFAC6,

(IFRS2BC, par. BC47)。そして，株式報酬取引から生じる費用の認識はIASBのフレームワークの費用の定義と整合しているとしている (IFRS2BC, par. BC52)。また，FAS123Rも株式報酬取引から生じる費用の認識について，同様な考え方に基づいている (IFRS2BC, par. BC53)。

(3) 測定の基準日

従業員等[31]へ持分金融商品が付与された場合，付与された持分金融商品の公正価値に基づいて，公正価値が測定されなければならないとされている[32] (IFRS2, par. 10)。したがって，付与日が公正価値の測定日となる[33]。

従業員等以外[34]に付与された場合は，付与された持分金融商品の公正価値ではなく，受け取った財貨又はサービスの公正価値に基づいて，公正価値が直接測定されなければならないとされており，したがって，企業が財貨を獲得した日又は相手方がサービスを提供した日すなわち財貨又はサービスの引渡日が公正価値の測定日となる[35]。ただし，受け取った財貨又はサービスの

---

par. 31)」。

31) IFRS2における英文表記では"employees and other providing similar services"とされており，従業員，非常勤役員 (non-executives directors) を含むすべての管理職 (all management personnel) と定義されている。なお，IFRSの基準におけるすべての"employees"の表現には，"other providing similar services"を含むとされている (IFRS2, pars. 11; Appendix A)。

32) 企業は受け取った財貨又はサービスの公正価値で直接測定をしなければならないとされているが，ストック・オプションのように報酬の一部として付与される場合，報酬全体のどの部分がストック・オプションに相当するか特定するのが困難であり，そのような場合は，受け取ったサービスの公正価値ではなく，付与されたストック・オプション等の公正価値に基づいて間接的に測定することとされている (IFRS2, pars. 10-13)。

33) 本補論2で述べたとおり，2000年7月に公表されたG4+1のディスカッションペーパーでは，権利付与日ではなく，権利確定日が測定の基準日とされている (G4+1, pars. 5, 33-34)。

34) IFRS2における英文表記では"parties other than employees"とされている。

35) 脚注32)で述べたとおり，従業員等の取引においては，付与日が公正価値の測定日とされているが，従業員等以外の取引において，財貨又はサービスの引渡日を公正価値の測定日としたのは，相手方が財貨やサービスを提供するか否かを判断するとき，引渡日の持分金融商品の公正価値が財貨やサービスの十分な支払いになっているかを検討するからであるとの根拠が挙げられている (IFRSBC, par. 126)。企業は受け取った財貨又はサービスの公正価値で直接測定をしなければならないとなされており，従業員等以外へ持分金融商品が付与された場合は，従業員等へ付与された場合と違い，受け取った財貨又はサービスの公正価値を直接測定することとなる。

公正価値を直接測定できない場合は、付与された持分金融商品の公正価値に基づいて、公正価値を測定することを認めている（IFRS2, par. 13）。

　従業員との取引において、持分金融商品の公正価値により測定をし、付与日を測定の基準日とするのは、会計基準8号及びFAS123R同様である。従業員以外との取引において、原則、財貨又はサービスの公正価値により測定をし、引渡日を測定の基準日とするのは、FAS123Rと同様である。しかしながら、会計基準8号においては、従業員以外との取引において、以下のとおり相違することとなっている。

　自社株式オプションが付与される場合では、公開企業においては、ストック・オプションの公正な評価額か取得した財貨又はサービスの公正な評価額のうちいずれかより高い信頼性をもって測定可能な評価額をもって算定をするとしており、未公開企業においては、財貨又はサービスの市場価格で測定をすることとされている。自社株式が付与される場合は、公開企業においては自社株式の市場価格により測定するとされており、未公開企業においては、第三者割当増資や株式の売買がされており、一定程度の信頼性をもって自社株式に公正な評価額を見積もることができる場合にはこれに基づいて測定するとしている。測定の基準日はいずれも付与日ではなく契約日としている（会計基準8号, par.14, par.64；適用指針11号, par.23）。

(4) その他

　その他のおもな項目として、公正価値の測定方法、失効の扱い、未公開企業における価値評価がある。ストック・オプションの公正価値評価の見積方法は、オプションの行使価格、オプションの残存期間、株価、株価の予想変動率、予想配当、リスクフリーレートを考慮に入れた価格算定モデルに基づくこととされている（IFRS2, par. B6）。権利不確定による失効は、ストック・オプション数から失効の見積数を控除することとされている（IFRS2, pars. 19-20）。未公開企業における価値評価は本源的価値による評価を許容している（IFRS2, par. 24）。権利確定後による失効の扱いは利益計上をすることなく株主持分の中で振替処理をすることとされている（IFRS2, par. 23）。

第5節　FAS123R

2002年7月まではFortune 500の内BoeingとWinn-Dixieを除き，引き続き本源的価値による評価測定を行っていた（Robinson and Burton 2004, p. 97）[36]。しかしながら，2001年に始まった不正会計問題[37]により，投資家，規制当局，連邦議会及び報道機関が会計処理及び財務報告に対して非常に関心を抱くようになり，ストック・オプションが費用計上されていないことが財務報告の重要性や透明性等を毀損しているのはないかとの指摘がなされた（FASB 2004b, par. B4）。

そして，費用計上への要求が高まり企業はこれに応えるようになり，2003年3月には公開企業179社，同年5月にはS&P500を構成する93社を含む公開企業276社，2004年2月にはS&P500を構成する113社を含む公開企業483社，2004年7月には公開企業753社がFAS123に基づき公正価値評価により費用計上をすることを採用もしくは表明をした（FASB 2004b, par. B5）。

2002年12月には，Statement of Financial Accounting Standards No.148, Accounting for Stock-Based Compensation-Transition and Disclosure an amendment of FASB Statement No. 123（以下FAS148）により，APB25を適用していた会社がFAS123へ変更する場合における移行に伴う会計処理及び開示すべき項目[38]が公表された（FASB 2002, par. 1）。このように自発的

---

36)　2002年より前においては，すべての企業が公正価値評価を用いず，APB25により会計処理をしていたと報告がされている（FASB 2004, par. B4）。

37)　2001年11月エンロンは米連邦破産法第11章の適用を申請し，会社更生手続きに入った。同社の資産総額は618億ドルであり米国史上最大の破綻となった。2002年7月には，ワールドコムが米連邦破産法第11章の適用を申請し破綻し，資産総額はエンロンを超えるものであった。ともに不正会計を行っており，その後も不正会計を伴う破綻が相次いだ（渕田・大崎2002, pp.1-4）。

38)　APB25からFAS123への移行の伴う会計処理として，1）Prospective method，2）Modified prospective method，3）Retroactive restatement method が示されており，1）はFAS123を適用した事業年度より公正価値評価法が適用される2）はFAS123の発効日（1994年12月15日）からFAS123を適用していたとし，その場合の影響額についてFAS123を実際に適用した期から反映する3）はFAS123を発効日から適用していたとし，過年度の財務諸表を修正し，再表示する（FASB 2002, par. 2a）。開示については，新たに重要な会計方針欄 "Summary of

第1章　米国におけるストック・オプションの会計基準の変遷

に公正価値評価を採用する企業が増え，また，FAS123を採用へ移行するための会計基準が定められたもののすべての企業が公正価値評価を採用することはあり得ない状況であった。

そして，FAS123において公正価値評価による会計処理か本源的価値評価による会計処理が選択できることは，引き続きAPB25により本源的価値による評価をしている企業の財務報告とFAS123により公正価値評価をしている企業の財務報告との比較可能性が失われることとなっていた（FASB 2004b, par. B6)。

国際会計基準の動向として，2002年11月に公正価値評価による会計基準の草案がED2としてIASBから公表された（FASB 2004b, par. B8）。ED2の公表後すぐにFASBはFAS123とED2[39]におけるストック・オプションの評価方法の比較に関連して公に意見を求めたところ，企業側の多くからは公正価値評価を支持する意見は多くなかったものの財務報告書の多くの利用者からは公正価値評価の適用を指示する意見が多く寄せられた（FASB 2004b, par. B9）。そしてストック・オプションに関連する会計情報における透明性，関連性，比較可能性への投資家等からの要望，評価方法が選択できる会計基準の簡素化及びコンバージェンスの観点からFAS123の見直しを行い（FASB 2004b, par. B11），2004年3月に公開草案（Exposure Draft, Proposed Statement of Financial Accounting Standards, Share-Based Payment an amendment of FASB Statements No.123 and 95（以下2004年3月公開草案））を公表の後，FAS123Rを2004年12月に公表した。

Significant Accounting Policies"において，1）評価方法が本源的価値によるか公正価値評価によるか，2）FAS123へ移行した場合，どの会計処理法を採用したか，3）APB25による本源的価値評価法を適用した場合，以下を表にした形式で開示。(1)当期利益と一株あたり利益。一株あたり利益についてはオプション行使による希薄化後のものについても記載 (2)税効果後のストック・オプション費用 (3)FAS123が適用になった1994年12月15日以降のストック・オプションの付与，条件の修正，行使において公正価値評価を適用したとした場合のストック・オプションの費用，税効果，純利益 (4)公正価値評価を適用した場合の仮定の利益 (5)公正価値評価を適用した場合の仮定の一株あたり利益及びオプション行使による希薄化後の一株あたり利益（FASB 2002, par. 2e)。

39) 2002年11月のED2の公表の後，2004年2月にIFRS2が公表され，2005年1月1日以降より適用されている（IFRS2, par. 60)。IFRS2の公表までの経緯については，本章補論1を参照。

33

適用開始時期については，2004年3月公開草案の段階においては，2004年12月以降に迎える決算期としていたが，FAS123R の適用には時間を要するとの意見等により（FASB 2004b, par. B246），FAS123R 公表時では，公開企業は2005年6月15日以降に迎える中間決算期か決算期から適用となり，公開企業のうち小規模の企業は2005年12月15日以降に迎える中間決算期か決算期から適用となり，未公開企業については，2005年12月15日以降に迎える決算期から適用となるとされていた（FASB 2004b, par. 69）。しかしながら，U.S. Securities and Exchange Commission（以下米国 SEC）は，公開企業については，事業年度が1月から6月の間に始まる企業については，適用時期を2006年事業年度からと変更を行い，結果，これらの企業については半年間の猶予が与えられることになった（Wiley 2005, p. 795）[40]。

　FAS123R においては，ストック・オプションは，原則，付与日公正価値評価が求められることになり（FASB 2004, par. 16）[41]，APB25による本源的価値による評価の適用も認めていた FAS123から会計処理が変更されることになった。オプションの公正価値を決めるモデルは特に指定はされず（FASB 2004b, par. A14; ASC718-10-55-17）[42]，公正価値の見積りにおいては，オプションの行使価格，オプションの期待存在期間，株式の現在の価格，オプションの期待存在期間における株価の予想変動率，オプションの期待存在期間における株式の予想配当，オプションの期待存在期間におけるリスクフリーレートを最低限考慮に入れることとされている（FASB 2004b, A18; ASC718-10-55-21）。

　未公開企業については，株価の予想変動率を見積もることは現実的でなく，合理的な公正価値評価が困難であり，株価の変動率を代替するのに適切な産

---

40) 米国 SEC からの公表については以下を参照（http://www.sec.gov/news/press/2005-57.htm）。
41) 公開企業において，合理的な公正価値を見積もることが不可能な稀少な場合においては，本源的価値評価によることを認めており，その場合，期末ごとに本源的価値評価を見直し費用計上をすることとされている。また，仮に後に公正価値評価を見積もることができるようになったとしても，本源的価値評価の適用を継続することとされている（FASB 2004b, pars. 24-25; ASC718-20-35-1）。
42) 2004年3月公開草案においては，ブラックショールズモデルのようなクローズドモデルより格子モデルが推奨されていた（FASB 2004a, pars. 6, B10）。

第1章 米国におけるストック・オプションの会計基準の変遷

業分類の株価のインデックスの変動率を代替して使用することとされている（FASB 2004b, pars. 23, A43-A48; ASC718-10-30-20, 718-10-55-51 through 58）。さらにこれも不可能な場合は本源的価値の使用を認めている（FASB 2004b, par. A44-footnote 64; ASC718-10-55-52）。権利確定前の失効については，付与日の費用計上時に失効数を見積もることとし，その後，見積数が最初の見積数と相違したときは見積額を修正し，過年度の影響額は見積修正時の損益に含めて計上をすることとなった（FASB 2004b, par. 43; ASC718-10-35-3）。

　FAS123においては，APB25と同様に付与日に見積りを行わず，失効時に修正をする方法も認められおり，FAS123R において権利確定前の失効についての会計処理が変更されたことになる。権利確定後の失効については，FAS123との変更はなく損益の修正は行わず，株主持分の中で振り替える（FASB 2004b, pars. 45; ASC718-10-35-3）。

第 II 部

日本における
ストック・オプション

第2章

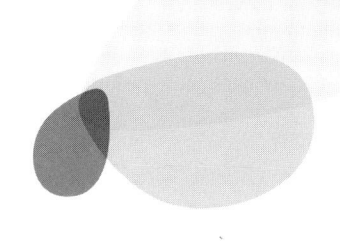

日本における ストック・オプション制度の変遷

第1節　制度の変遷の概要

　わが国におけるストック・オプションの導入は，平成7年（1995年）3月のオーナー等保有株譲渡方式による擬似ストック・オプション及び同年9月の新株引受権付社債方式による擬似ストック・オプションに遡る。法律上において，ストック・オプション制度がはじめて導入されたのは，平成7年（1995年）11月の新規事業法の改正によるものである[1]。

　新規事業法は，「わが国産業経済の今後の活力維持のためには新しい商品やサービスを提供していくような新規事業を活発に実施していくことが不可欠である」（通商産業省産業政策局産業資金課1997，p.14）との認識に基づき，平成元年（1989年）12月に施行されたものであった。

　いわゆるバブル経済破綻後の1990年代中ごろには，新規事業育成をする上で，人材確保を円滑化するめに日本においても米国において活用されているストック・オプション制度を導入すべきとの要請が，政府，与党及び経済界

---

[1]　昭和52年（1977年）10月12日に経団連から公表された「『株式制度改正試案』に関する意見」における自己株式取得規制の緩和の項目の中でストック・オプション制度の導入が求められていた。その後も同様な意見が，昭和59年（1984年）10月「次期商法改正に関する意見」，平成元年（1989年）6月「会社法改正問題に関する意見」，平成4年（1992年）3月「会社法制のあり方についての見解—望ましい企業の経営管理の視点に立って—」の中で経団連より出されていた（龍田，江頭，関，小林，竹中，遠藤1992，p.8）。

において高まっていた（通商産業省産業政策局産業資金課1997，p.20）。

そして，平成7年（1995年）秋の第134回臨時国会において新規事業法の一部改正を盛り込んだ「新たな事業活動の促進のための関係法律の整備に関する法律」が成立し，同年11月1日に公布され，従来の商法では，新株の有利発行のための株主総会の特別決議の有効期間が6ヵ月間であったものを10年間とするなど商法に特則を設け（新規事業法第8条の5），新規事業法の認定業者であって株式会社である未公開企業を対象（新規事業法第8条の2）にストック・オプション制度が導入された。

その後，平成9年（1997年）には商法上ストック・オプションが全面解禁になり自己株式方式によるストック・オプションと新株引受権方式によるストック・オプションが導入された。

平成13年（2001年）6月の商法改正では，金庫株が解禁され，自己株式の処分は基本的に新株発行の手続きにより行うこととされたことに伴い，自己株式の譲渡を受ける権利と新株引受権とを区別する必要がなくなり，自己株式方式は廃止された。その後，同年11月の商法改正では「新株予約権」が新たに設けられた。なお，ストック・オプションとして付与する場合は「新株予約権」の無償発行と位置付けられた（前田2003，616）。

平成18年（2006年）5月に施行された会社法においては，職務執行の対価としてのストック・オプションはすべて第361条の「報酬等」と位置付けられた。これまでの商法ではストック・オプションは無償による発行とされ，有利な条件による新株予約権の発行のための株主総会の特別決議が必要であった（旧商法第280条の21①）が，「報酬等」と位置付けられたことで，「特に有利な金額」でなければ，取締役会の決議により発行ができるようになった（江頭2011，p.427）。

第2節　擬似ストック・オプション

1．ストック・オプションが利用できなかった背景

商法上の制約としては，平成9年（1997年）の商法改正までは，原則として自己株式の取得が禁止されていた（旧商法210）ために，すでに発行して

第2章　日本におけるストック・オプション制度の変遷

いる自己株式を利用してストック・オプションを行うことができなかった。また，新株発行を利用したストック・オプションを考えた場合でも，第三者に対する新株の有利発行は株主総会の特別決議を要し，しかもこの決議の効力は決議の日から6ヵ月以内に払込みを為すものについてのみであり，払込みの機会は一度しか認められていなかった（旧商法280ノ2④）。

　税法上の制約としては，ストック・オプションの権利行使時点で，その時の株式時価と権利行使価格との差額に対して給与所得として所得税が課されるため（所令84，所基通23～35共-6），権利行使による株式売却による現金収入がない時点で納税負担が生じてしまっていた。また，給与所得ということで最高65％（所得税及び住民税）の税負担となるという問題を抱えており，具体的に実行する企業がなかった（中央クーパース・アンド・ライブランド・アドバイザーズ1999, p.6）。

　これらの制約[2]を回避しストック・オプションと同様の効果をねらったものの代表的なものがソフトバンクによるオーナー等保有株譲渡方式による擬似ストック・オプションであり，ソニーによるワラント債に付されたワラントを用いて行った擬似ストック・オプションである。

---

[2]　労働基準法11条では「（略）賃金とは（略）労働の対償として使用者が労働者に支払うすべてのものをいう」とされており，労働基準法24条1項は賃金の通貨払原則を定めている。内藤（2000, p.271）に拠れば，従業員にストック・オプションを付与する場合，付与や行使による利益が通貨払原則に反するのではないかということが，従来，議論されてきた。平成9年（1997年）6月1日に労働省労働基準局長より基発第412号「改正商法に係るストック・オプションの取扱いについて」が出され，労働基準法11条の賃金には当たらないとされた。賃金に当たらない理由として，権利行使を行うか否か，また，権利行使や権利行使後の株式の売却の時期をいつにするかは労働者が決定するものであり，得られる利益が発生する時期及び額とも労働者の判断に委ねられており，労働の対償ではないとのことである。水町（2003, p.172）は従業員に自社株式が支給され，労働基準法上の賃金とされた判例（ジャード事件・東京地判昭53.2.23労判293号pp.52-58）を挙げ，基発第412号にある「利益が発生する時期及び額とも労働者の判断に委ねられている」という点に関して，自社株式支給の場合でも同様であるとしている。そして，寧ろストック・オプションの特殊性は，権利付与時点で確定的な利益が得られておらず，このような蓋然的利益の付与が賃金に当たるか否かが問題であり，付与時点の客観的な価値が明らかでなく賃金としての利益性「労働の対「償」としての性格」を欠くと解釈され賃金ではないということになろうとしている。

2. オーナー等保有株譲渡方式による擬似ストック・オプション

　平成7年（1995年）3月のオーナー等保有株譲渡方式による擬似ストック・オプションが，ソフトバンクより発行された。このソフトバンク方式はソフトバンク社長孫正義氏の資産管理会社でありソフトバンクの大株主であるMACの持株を用いたインセンティブ・プランである。

a．会社はオーナー（社長）の持株会社もしくはオーナー個人等の大株主に対して第三者割当増資を行う。この第三者割当増資は大株主の持株比率の低下を防止するために行うので，大株主の持株比率が十分に高ければ行う必要はない。
b．役員・従業員が大株主に対してインセンティブ・プランへの参加申し込みを行う。
c．bの申し込みを受けて大株主がインセンティブ・プランへの対象者に対してそれぞれ何株ずつの譲渡を行うか決定しこれを通知する。
d．cの決定を受けて大株主と役員・従業員との間で株式の譲渡契約が締結され株式の譲渡が行われる。
e．役員・従業員は会社の株価を見ながら株式を市場等で売却をし，キャピタル・ゲインを獲得する。

　このオーナー等保有株譲渡方式による擬似ストック・オプションは，大株

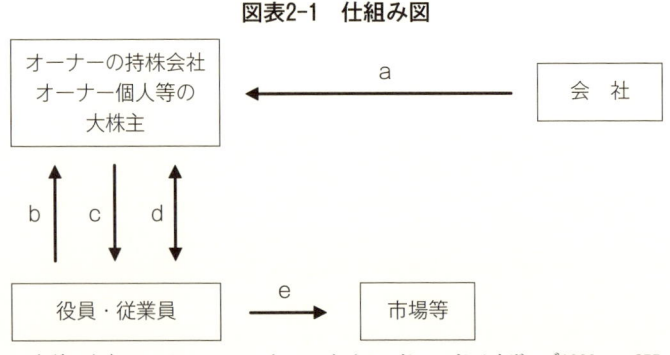

図表2-1　仕組み図

出所：中央クーパース・アンド・ライブランド・アドバイザーズ1999，p.255

主が個人の場合，取締役決議，株主総会の必要がなく，大株主が法人の場合でも，資産譲渡に伴う取締役会決議を行うだけでよく導入手続きが簡単であった。また，ストック・オプションにおける譲渡株数，限度額，対象者，権利期間の制限がなく柔軟なプランの作成が可能であった。そして，開示書類が少なく，上場・公開会社の場合の5％ルールに基づく，大量保有報告のみであった。しかしながら，譲渡契約を締結するにあたりインサイダー取引規制の問題が発生するおそれや大株主が役員や使用人へ株式の譲渡を行うので，オーナー企業でありなおかつオーナー関係者も持株比率が高くないと実現しにくい方式であり，また，オーナーやオーナーの持株会社が株式を役員・使用人に譲渡するので株式が分散化するといった側面もあった（中央クーパース・アンド・ライブランド・アドバイザーズ1999, pp.255-258）。

3. ワラント債を利用した擬似ストック・オプション

平成7年（1995年）9月にソニーがワラント債に付されたワラントを用いて行った擬似ストック・オプションを発行した[3]。これは，擬似ストック・オプションの典型的な例であった（荒尾2000, pp.306-307）。

a．新株引受権付社債の発行
　　会社が，ワラント債を発行し引受証券会社が，会社の発行するワラント債を全額引き受ける。この場合のワラント債はワラント部分と社債部分とを分離して譲渡できる分離型を用いる。
b．新株引受権証券の販売
　　会社はワラント部分のみを引受証券会社から全量買い戻す。
c．社債部分の販売
　　引受証券会社は残った社債部分を適格機関投資家に販売する[4]。

---

[3] ソニーは平成8年（1996年）8月にも同様のスキームにて擬似ストック・オプションを発行している。なお，ソニーの事例の後，平成9年（1997年）において，ワラント付社債を発行した公開会社が約50社に上った（千葉1997, pp.36-37）。
[4] 社債部分を適格機関投資家に販売することにより，適債基準（格付取得）の適用除外となったとしている（千葉1995, p.67）。なお，適債基準は平成8年（1996年）1月に撤廃された。

図表2-2 仕組み図

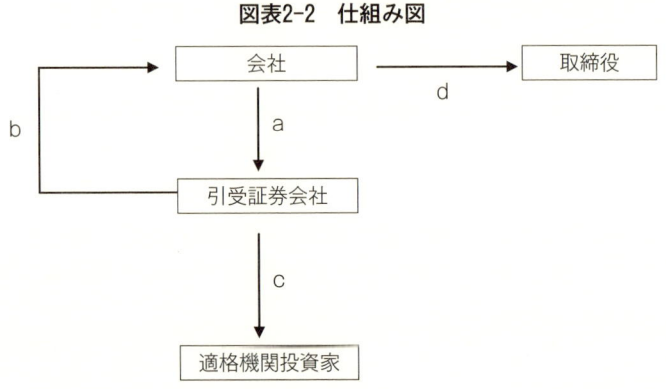

```
        ┌──────→ 会社 ──────────d──────→ 取締役
        │         │
      b │       a │
        │         ↓
        └──── 引受証券会社
                  │
                c │
                  ↓
              適格機関投資家
```

出所：千葉1995，p.67

d．新株引受権証券の支給

　会社は買い戻したワラントを役員に支給する。この場合，ワラント部分の価格は支給される役員にとって給与所得の課税対象になる[5]。ワラント部分を支給された役員は会社の株価が権利行使価格を上回ったときにワラントを行使し，権利行使価格額の払込みを行うことにより株式を取得する。役員は会社の株価を見ながら株式を市場等で売却し，キャピタル・ゲインを獲得する。

　このワラント債に付されたワラントを用いて行った擬似ストック・オプションは，取締役会決議で導入可能であり，また，付与対象者に法的な制約がなかった。そして，権利行使期間も制限がないものであった。この擬似ストック・オプションが平成7年（1995年）に発行された後の平成9年（1997年）の改正商法によるストック・オプションでは，ストック・オプション制度の導入には株主総会の決議が必要，付与対象者が取締役又は従業員に限定，発行限度は発行済株式総数の10％以内，権利行使期間が株主総会の決議後10年以内であったなど，ワラント債に付されたワラントを用いて行った擬似ス

---

5) 従業員に支給する場合は，労働基準法上の賃金の通貨払原則による規制を受けるので，給与の一部でもって会社からワラントを買い付ける方法となるとしている（千葉1997，pp.36-37）。

トック・オプションの方が発行，制度設計において柔軟であった（荒尾2000，pp.317-319）。一方，ワラント債の発行手数料などのコスト負担がかかり，また，ワラント部分を無償で支給すると給与課税が生じ，そして，株価が上昇しなかった場合権利行使の機会がなく，収入がないにもかかわらず税金だけを納める結果に終わるという欠点があった（千葉1995，p.69）。

第3節　特定新規事業実施円滑化臨時措置法に基づくストック・オプション

　平成7年（1995年）11月の新規事業法の改正において，商法の特則を設けることにより，新規事業法の認定事業者についてストック・オプション制度が導入された。この制度では，自己株式の取得による方法ではなく新株の有利発行による方法で商法の特則が導入された。自己株式の取得による方法では，資本の空洞化等の弊害が生じるおそれがあり，また，株式市場から自己資本を取得することが必要となるため，資金力の乏しい新規事業者には適当な方法ではないと考えられた（通商産業省産業政策局産業資金課1997，p.23）。新株の有利発行による方法では①新株の有利発行のための株主総会の特別決議の効力を6ヵ月から10年に延長するとともに②その間に増資等により新株の発行があった場合にも決議の効力を失わないという2点において，商法の特則が設けられた（平成7年11月改正特定新規事業実施円滑化臨時措置法8条5項）。

　ストック・オプション制度を株式会社一般に導入することについては，平成8年（1996年）3月末及び平成9年（1997年）3月末の閣議決定の「規制緩和推進計画」に盛り込まれ，当初，平成9年度（1997年度）中に結論を得て，法改正を経て平成10年度（1998年度）中の早期に実施することとされた（通商産業省産業政策局産業資金課1997，p.24）。しかし，「一刻も早く導入することによって経済の活性化を図るため」（通商産業省産業政策局産業資金課1997，p.49），政府の計画を1年前倒しして，平成9年（1997年）5月16日に商法改正が議員立法[6]により行われ，そして，「自己株式方式」と「新株引受権方式」の2つのタイプが認められた。

第4節 自己株式方式と新株引受権方式による ストック・オプション

平成9年（1997年）5月に商法が改正され，新株引受権方式のストック・オプション制度（平成9年改正商法280条ノ19）が新設された。同日付「新規事業法」が改正され，新株引受権方式によるストック・オプション制度が商法を準用する形となった。また，旧商法210条ノ2（使用人に譲渡するための自己株式の取得）も改正され，自己株方式のストック・オプションも解禁となった。

1. 自己株式方式によるストック・オプション

自己株式方式によるストック・オプションとは「会社があらかじめ自己株式を取得しておいて，取締役又は使用人がその株式を自己に譲渡とすべき旨の請求をすることができることとするもの」（前田1997，p.179）である。

概要は以下のとおり（平成9年改正商法210条ノ2より）。

(1) 取締役に対する株式の譲渡が可能

会社が自己の株式を取得できる場合として，使用人以外に，取締役に対して株式を譲渡する場合が追加された。

(2) 取得することができる株式の数量制限と取得方法

会社が取得することができる株式の数量は，発行済株式総数の10分の1を越えない範囲内とし，取得方法としては，市場買付け，相対買付けのほか，公開買付けによる方法もできることになった。

(3) 株主総会の決議事項他

---

6) 平成9年（1997年）5月12日に229名の商法学者より「開かれた商法改正手続を求める商法学者声明」が公表され，従来の商法改正の手続きとの比較の観点より，改正までの手続きに要した時間，過程等に対して批判がなされた。本件の議員立法（「商法の1部を改正する法律」，「株式の消去の手続きに関する商法の特例に関する法律」）に関しての，法律案の提出者からの解説は保岡（1997，pp.2-10）に詳しい。「開かれた商法改正手続を求める商法学者声明」については，同声明の賛同者の一人である森本（1997，pp.2-14）に詳しい。

会社は，特定の取締役又は使用人に対し，予め定めた価格で会社からその株式を自己に譲渡すべき旨を請求する権利を与える契約に基づいて株式を譲り渡すために，株式を買い受けるときは，自己株式取得の決議の他，その取締役又は使用人の氏名，譲り渡す株式の種類，数，譲渡価格及び権利行使期間等につき，定時株主総会の決議を要するものとし，会社が買い受けることができる株式の取得価格の総額は，配当可能利益の範囲内に限っている。

(4) 総会決議による権利行使の有効期間

総会決議により定める権利行使期間は，決議の日から10年内であり，会社は取締役又は使用人にその権利を行使することができる期間内に株式を譲渡しなかったときは，相当の時期に株式を処分しなければならない。

2. 新株引受権方式によるストック・オプション

新株引受権方式によるストック・オプションとは「取締役又は使用人の請求により，これらの者に会社は新株引受権を付与するもの」である（前田1997, p.179）。

概要は以下のとおり（平成9年改正商法280条ノ19，280条ノ20より）。

(1) 定款の定め

ストック・オプション制度のために取締役又は使用人に新株予約権を与えるためには，定款にその旨の定めがあることが必要であり，かつ，正当の理由のあることが必要である[7]。

(2) 譲渡禁止

譲渡は禁止されている[8]。

(3) 株主総会の決議事項

会社は，定款に定めがある場合に限り，正当の理由があるときは，取締

---

[7] 自己株式方式では，定款の定めの規定がなく，両方式が区別された理由は明らかでないとの指摘がされている（前田1997, p.514）。

[8] 流通性がないことが，ワラントを用いて行った擬似ストック・オプションの場合との大きな差異である（通商産業省産業政策局産業資金課1997, p.51）。

役又は使用人に新株引受権を与えることができる。この場合，①新株引受権を与える取締役又は使用人の氏名，②新株引受権の目的である株式の額面無額面の別，種類，数及び発行価格，③新株引受権を行使することができる期間等につき，株主総会の特別決議がなければならない[9]。

(4) 新株引受権の登記

新株予約権の行使によって発行すべき株式につき，その目的である株式の額面無額面の別，種類，数及び発行価額ならびに新株引受権の行使期間の登記が必要である。

(5) 新株引受権の目的である株式の数量制限

新株引受権の目的である株式の総数は，株主総会の決議ですでに定められた新株引受権の目的である株式であって発行されていないものの数と併せて，発行済株式総数の10分の1を越えない範囲内としている。

(6) 新株引受権の行使期間

新株引受権の行使期間は，特別決議の日から10年内となっている。

上記のとおり，平成9年（1997年）5月の商法改正により，それまでの新規事業法の認定事業者のみならず，株式会社一般にもストック・オプション制度が導入され，また，自己株式方式によるストック・オプションも解禁となったのではあるが，①付与対象者が自社の役員及び従業員に限定されていた。②付与できるストック・オプションの数量は発行済株式数の10％以内となっていた。③自己株式方式と新株引受権方式を同時に併用することはできなかった。④権利行使期間は，最長で決議の日から10年間であった。⑤株主総会でストック・オプションの付与対象者の個人名を挙げて承認を得なければならなかった等の制約はあった。

その後，平成13年（2001年）4月には，自己株式方式と新株引受権方式の両方式の併用が可能となり，同年6月の商法改正では金庫株の解禁が実現され，自己株式の処分は基本的に新株発行の手続きにより行うこととされたことに伴い，自己株式の譲渡を受ける権利と新株引受権とを区別する必要がな

---

[9] 自己株式方式では，特別決議は求められていない。

くなり，自己株式方式によるストック・オプション制度が廃止された。さらに同年11月の商法改正によりストック・オプション制度は「新株予約権」という新概念のもと，それまでの自己株式方式と新株引受権方式を統合した制度とし再構築されることになった。

第5節 新株予約権方式によるストック・オプション

平成13年（2001年）11月の商法改正（平成14年（2002）年4月1日施行）により，商法上のストック・オプション制度は，それまでの自己株式方式と新株引受権方式が新株予約権方式に一本化された（川島2004, pp.36-37）。

新株予約権とは，これを有する者（新株予約権者）が会社に対してこれを行使したときに，会社が新株予約権者に対し新株を発行し，又はこれに代えて企業の有する自己株式を移転する義務を負うというものである（平成13年改正商法280条ノ19第1項）。

新株予約権の発行に関しては，取締役会で決定されることとされた（平成13年改正商法280条ノ20第2項）。新株予約権自体は，取締役会の決議により発行することが可能であったが，ストック・オプションとして付与する場合は，新株予約権は無償で発行されることになり，新株予約権の有利発行に該当し，株主総会の特別決議が必要とされた[10]（平成13年改正商法280条ノ21第1項）。その結果，従来の自己株式方式のストック・オプションは普通決議が条件（平成9年改正商法210条ノ2）であり，この点に関しては手続きが重くなった[11]。

一方，付与対象者の範囲，付与できるストック・オプションの数量制限，権利行使期間の制限などが撤廃されたこと等，規制が緩和されてストック・

---

[10] 株主総会において「特に有利なる条件をもって新株予約権を発行することを必要とする理由」を開示した上で特別決議が必要であった。特別決議として必要な事項は，①新株予約権の目的となる株式の種類及び数，②新株予約権の総数，③新株予約権を行使する際に払い込む金額，④新株予約権を行使することができる期間，⑤新株予約権の譲渡につき取締役会の承認を要するものとするときはその旨等（平成13年改正商法280条ノ21）。

[11] 従来の新株引受権方式のストック・オプションは特別決議が条件であった（平成9年改正商法280条ノ19）。

オプションの制度設計の自由度は高まった。

付与対象者の範囲[12]としては，従来は，会社の取締役又は使用人のみを対象としていたが，それ以外の人に対しても付与することができるようになった。付与できるストック・オプションの数量制限は，従来は，付与株式数が発行済株式数の10分の1以内と制限されていたが[13]，付与株式数量の制限がなくなり授権株式数の範囲内で自由に付与することができるようになった。また，権利行使期間の制限については，従来は，ストック・オプション導入決議後10年以内に権利行使することが必要であった。それが，会社が任意で権利行使期間を設けることができるようになった（前田2003, p.616）。譲渡制限については，株主総会の特別決議で取締役会の承認により譲渡可能とすることができるようになった[14]。

第6節　会社法におけるストック・オプション

平成18年（2006年）5月に施行された会社法においては，職務執行の対価としてのストック・オプションは第361条の「報酬等」と位置付けられた（相澤, 葉玉, 郡谷2006, pp.312-313）。そして，新株予約権としての発行規制及び役員の報酬等として「額が確定しているもの」（会社法361条の1①）で「金銭ではないもの」（会社法361条の1③）であり報酬等の支払いとしての規制を受ける[15]（江頭2011, p.425）。

---

[12] 野口（2004a, p.134）に拠れば，付与対象者に監査役も含まれることになり，「会社の業績と監査役の報酬が連動する状況をもたらすため，監査役制度の本来の趣旨から考えれば不適切である」としている。なお，従来の自己株式方式及び新株引受権方式では，付与対象者に監査役，子会社の役員や従業員が含まれておらず，そのような者へ付与する場合は擬似ストック・オプションが利用されていた（野口2004a, pp.134-135）。

[13] 付与株式数が発行済株式数の10分の1以内と制限されていたため発行済株式数が少ない新興企業などは何回も増資や株式分割をして，付与数量を確保しなければならず，手続きが大変であった（中村, 松下2003, p.192）。

[14] 従来は取締役・従業員への付与に限定され，かつ譲渡禁止とすることで，ストック・オプション目的で使用されることが強制されていた（中村, 松下2003, p.193）。

[15] インサイダー取引については，木目田・上島（2008, p.41）に拠れば，ストック・オプションの付与が新株予約権の発行により行われる場合は，金融商品取引法第166条1項で定める「売

第2章　日本におけるストック・オプション制度の変遷

　これまでの商法ではストック・オプションは無償による発行とされ，有利な条件による新株予約権の発行のための株主総会の特別決議が必要であった（平成17年改正前商法第280条ノ21第1項，266条7項3号）が，今後は株主総会の特別決議が不要となる（相澤，豊田2005，p.18）。

　会社法においては，ストック・オプションの付与方法として①ストック・オプション取得のための払込金額をストック・オプションの公正価額と同額にして払込義務と報酬請求権とを相殺する方法，②払込金額をストック・オプションの公正価額よりも低額にして払込義務と報酬請求権とを相殺する方法，③払込みは必要なく，無償発行とする方法があると位置付けられている（葉玉2005，p.327）。新株予約権の募集事項の決定については，①の場合は払込金額が「特に有利な金額」（会社法第238条ノ3②）でなく，取締役会の決議で発行できる。②の場合は，ストック・オプションの公正価額と払込金額の差額分は，将来の報酬分の織り込み分であり，「特に有利な金額」に該当せず取締役会の決議で発行できる。③の場合は，無償であるものの，支払うべき報酬額とストック・オプションの公正価額とが同額であれば，発行時に無償であっても「特に有利な条件」に該当せず②と同様，株主総会の特別決議は不要であり，取締役会での発行が可能であると考えられる（葉玉2005，pp.329-330）。

　上記のとおり，「特に有利な発行等」（会社法238条の3各号）に該当しない場合は，公開会社においては，ストック・オプションの新株予約権としての募集事項の決定は取締役会の決議で行うことができる（会社法240条の1）[16]。しかしながら，職務執行の対価としてのストック・オプションはすべて第361条の「報酬等」と位置付けられており，役員の報酬等として「額

　買」に該当せず，自己新株予約権の処分によって行われる場合であっても無償であれば「売買」に該当しないとしている。すなわちインサイダー取引の対象外となる。また，木目田・上島は付与を受けた新株予約権の行使による株券の取得はインサーダー取引の適用除外となる（金融商品取引法第166条6項2号）が，行使の結果取得した株式を売却する場合は適用除外とならないとしている。

[16]　未公開会社においては，新株予約権の募集決定は，株式総会の特別決議による（会社法309条の2⑥，239条の2）が，株主総会の特別決議により，取締役会に委任することができる（会社法309条の2⑥，239条の1）（葉玉2005，p.329）。

が確定しているもの」(会社法361条の1①),「金銭ではないもの」(会社法361条の1③)であり,株主総会の普通決議が求められる(会社法361条の1)(葉玉2005, p.346)[17]。

また,旧商法においては,役員等へ付与されたストック・オプションは,職務の対価性の有無にかかわらず,役員就任後の権利行使等による受益のみを役員の責任限度額とされており(平成17年改正前商法266条の7③),ストック・オプション自体の価値を責任限度額に含めていなかった。会社法においては,職務の対価として役員に付与されたストック・オプションは,「報酬等」と位置付けられたことにより,ストック・オプションの付与日公正価値が役員の責任限度額に含まれることになった[18](相澤,石井2006, pp.21-22)。

なお,子会社の取締役・使用人に対するストック・オプションの付与については,「会社への労務提供はないので,『特に有利な条件』による付与としての規制を受ける」とされており(江頭2011, p.427),株主総会の特別決議が必要となる[19]。

---

[17] 委員会設置会社では,取締役へのストック・オプションについて職務執行の対価としての報酬であり,報酬委員会の決議が必要となる(高田2006, p.44)。

[18] 会社法の立案担当者である相澤・石井(2006, p.22)は「新株予約権の払込価額を0円と設定しても,責任限度額の計算上,0となるわけではなく,当該交付した新株予約権の価値によって,報酬額が計算される」としている。

[19] 子会社の役員・従業員等へのストック・オプションの付与についても,職務執行への労務提供として対価性があり有利発行ではないとすることが可能である(安倍,須藤2008, p.203)との見解もある。

第3章

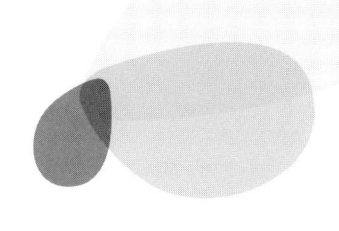

日本における
ストック・オプションの
会計処理の変遷

第1節 会計基準設定までの変遷

　前述のとおり，わが国におけるストック・オプションの導入[1]は，平成7年（1995年）3月のオーナー等保有株譲渡方式による擬似ストック・オプションに遡る。また，法律上，ストック・オプション制度がはじめて導入されたのは，平成7年（1995年）11月の新規事業法の改正によるものである。そして，その後，法律上は平成9年（1997年）5月の商法改正により，それまでの新規事業法の認定事業者のみならず，株式会社一般にもストック・オプション制度が導入され，また，新株引受権方式によるストック・オプションに加え，自己株式方式によるストック・オプションも解禁となった。さらに，平成13年（2001年）11月の商法改正によりストック・オプション制度は「新

---

[1] 平成7年（1995年）のオーナー等保有株譲渡方式による擬似ストック・オプションより以前の昭和61年（1986年）に，日本企業ローム社の子会社であるエクサ社は，日系企業ではじめて米国で株式公開をし，ストック・オプション制度を採用している（日本経済新聞昭和61年（1986年）3月27日朝刊）。また，石坂・岩田（1997, p.41）に拠れば，「日本の法人がストック・オプションを導入する以前から，米国の法人は同制度を広く活用しており，日本の居住者が米国の法人から直接ストック・オプションを付与され権利行使し，株式を譲渡するケース」はあったとし，ストック・オプションの所得税上での扱いが，すでに昭和60年（1985年）「所得税質疑応答集」（大蔵財務協会1986, p.296）において取り扱われていると述べている。すなわち，すでに1980年中ごろより以前に，日本の居住者を対象にストック・オプションが付与されていたと考えられる。

株予約権」という新概念のもと，それまでの自己株式方式と新株引受権方式を統合した制度とし再構築されることになった。

このように平成7年（1995年）より擬似ストック・オプションは導入されており，また，法律上も同年より新規事業法の改正により導入されていたストック・オプションであったが，準拠すべき包括的な会計基準は長い間設定されておらず，ストック・オプションに関する会計基準である会計基準8号及び適用指針11号が企業会計基準委員会より公表されたのは，平成17年（2005年）12月であった。

本章では，平成7年（1995年）に導入された擬似ストック・オプションから平成17年（2005年）の会計基準公表までの会計処理について述べる。

第2節　ワラント債を利用した擬似ストック・オプションの会計処理

ワラント債の会計処理については，わが国では平成6年（1994年）3月まで，ワラント債の発行価格を社債の対価とワラントの対価とに区分しない一括法を用いていた。そのため打歩発行されたワラント債の中には，社債発行プレミアムの金額がその社債に対し満期までに支払われる利息の総額を上回る場合があり，社債を発行しただけで利益が増加するという事態が生じた（野口1999，p.9）。

平成6年（1994年）2月に日本公認会計士協会より，区分法による処理を求める委員会報告「新株引受権付社債の発行体における会計処理及び表示」が出され，ワラント債の発行価格を社債の対価とワラントの対価とに区分する区分法が適用されるようになった。ワラント債に付されたワラントを用いて行った擬似ストック・オプションの会計処理について，区分法による会計処理例を示す[2]。

---

2) ワラント債に付されたワラントを用いて行った擬似ストック・オプションの会計処理については，名越（1996，p.123），中央クーパース・アンド・ライブラント・アドバイザーズ（1999，pp.245-246）を参考としている。

第3章 日本におけるストック・オプションの会計処理の変遷

【設 例】

分離型ワラント債100,000千円を@100円（社債80円，ワラント証券20円）で発行（社債発行費，社債利息は省略）

① ワラント債の発行時

(借) 現 金 預 金　80,000千円　(貸) 社　　　　　債　100,000千円
　　 社債発行差金　20,000千円
　　 現 金 預 金　20,000千円　　　 ワラント仮受金※　20,000千円
　　　　　　　　　　　　　　　　　（新 株 引 受 権）

※ワラント仮受金（新株予約権）は流動負債

② ワラント部分の買戻し

(借) ワラント仮受金　20,000千円　(貸) 現 金 預 金　20,000千円
　　（新 株 引 受 権）

③ ストック・オプションの付与時（買戻しと同時期）

(借) 役 員 報 酬　20,000千円　(貸) ワラント仮受金　20,000千円
　　　　　　　　　　　　　　　　　（新 株 引 受 権）

④ 決算時

(借) 社債発行差金償却　4,000千円　(貸) 社債発行差金　4,000千円

⑤ ワラント行使時（ワラントの90%が行使されたと仮定）

(借) 現 金 預 金　90,000千円　(貸) 資　本　金　45,000千円
　　　　　　　　　　　　　　　　　 資 本 準 備 金　45,000千円
　　 ワラント仮受金　18,000千円　　 資 本 準 備 金　18,000千円
　　（新 株 引 受 権）

⑥ 償還時

(借) 社　　　債　100,000千円　(貸) 現 金 預 金　100,000千円
　　 ワラント仮受金　2,000千円　　 新株引受権戻入益※　2,000千円
　　（新 株 引 受 権）

※新株引受権戻入益は特別利益

第3節　自己株式方式における会計処理

前述のとおり平成9年（1997年）5月に，商法改正が行われ，ストック・オプションの発行に関し，「自己株式方式」と「新株引受権方式」の2つのタイプが認められた。

自己株式は表示上，平成9年（1997年）の商法改正以前は，短期保有目的に限定されていたために流動資産に区分表示されていた（平成7年（1995年）会計制度委員会報告第2号「自己株式の会計処理及び表示」4）。平成9年（1997年）の商法改正によりストック・オプションが株主総会後10年間にわたって権利行使する可能性が生じたため，ストック・オプションのために取得した自己株式は投資等の部に他の株式と区別して記載することになった（商法計算書類規則22の2，平成10年（1998年）会計制度委員会報告第2号「自己株式の会計処理及び表示」4）。また，平成9年（1997年）当時，自己株式の決算時の評価基準（原価法，低価法）は保有する他の市場性のある有価証券に準じた（平成7年（1995年）会計制度委員会報告第2号「自己株式の会計処理及び表示」5）[3]。

ストック・オプションの会計処理については包括的な会計基準がなく，自己株式方式のストック・オプションについては，商法改正時の平成9年（1997年）当時では，平成7年（1995年）の日本公認会計士協会の会計制度委員会報告第2号の「自己株式の会計処理及び表示」に基づいていた（柴 1999, p.92）。自己株式方式のストック・オプションの会計処理例を示す[4]。

---

3) その後，平成10年（1998年）の商法改正により，ストック・オプション目的で保有する自己株式の貸借対照表価額は原則として取得原価とされた（平成12年（2000年）会計制度委員会報告第2号「自己株式の会計処理及び表示」5）。平成13年（2001年）6月の商法改正（金庫株解禁）によりストック・オプション目的で保有する自己株式という分類はなくなった。なお，商法施行規則91条1項5号及び3項は，自己株式は資本の部から控除する方式で自己株式の部に記載しなければならないと定めている。また，商法施行規則89条は「その他資本剰余金」の区分を設けることを求め，自己株式処分差益はその他資本剰余金に含まれるとしている。

4) 自己株式方式のストック・オプションの会計処理については，柴（1999, pp.96-97）を参考としている。

第3章　日本におけるストック・オプションの会計処理の変遷

【設　例】

付随費用，租税公課は省略するものとする。

① 自己株式取得時

ストック・オプションの行使に備え，自己株式300株を1株10,000円で合計3,000千円取得した。

(借) 自　己　株　式※ 3,000千円　　(貸) 現　金　預　金　3,000千円
　※自己株式は投資等の部

② ストック・オプション付与時

会計処理なし。

③ ストック・オプション行使時

ストック・オプションの行使により100株が1株8,000円にて合計800千円で譲渡された。

(借) 現　金　預　金　800千円　　(貸) 自　己　株　式　1,000千円
　　　自己株式譲渡損※　200千円
　※自己株式譲渡損（又は益）は，損益計算書の営業外損益項目として表示される。

④ 決算時

低価法採用会社においては以下のとおり。

ストック・オプション未行使分の200株が残っている。決算時の株価は7,000円。

　　　200株×(10,000円－7000円)＝600千円

(借) 自己株式評価損※　600千円　　(貸) 自　己　株　式　600千円
　※自己株式評価損は，損益計算書の営業外損益項目として表示される。
　なお，原価法採用会社においては，取得価格のままで処理なし。ただし，強制評価減の場合は時価評価を行い，評価損失は損益計算書の特別損益項目。

⑤ 権利行使期間経過後の自己株式売却時

ストック・オプションが行使期間内に行使されない場合には，会社はその自己株式を相当の時期に売却しなければならない。

④の200株が権利行使されないまま権利行使期間が経過した。売却時の株価は5,000円。

売却時の自己株式簿価格2,000千円－600千円－1,400千円

(借) 現 金 預 金　1,000千円　　(貸) 自 己 株 式　1,400千円
　　　株 式 売 却 損　　400千円

第4節　新株引受権方式における会計処理

上記で述べたとおり，新株引受権方式が導入された平成9年（1997年）当時では，権利付与日にストック・オプションの価値を認識する会計基準がなく，新株引受権方式における会計処理は，平成6年（1994年）の日本公認会計士協会の会計制度委員会の「新株引受権付社債の発行体における会計処理及び表示」に基づいていた（柴1999，p.92）。なお，新規事業法に基づくストック・オプションの場合も新株引受権方式と同じ会計処理となる（アーサーアンダーセン1997，p.132）。新株引受権方式のストック・オプションの会計処理例を示す[5]。

【設例】
① ストック・オプション付与時
　会計処理なし。

② ストック・オプション行使時
(借) 現 金 預 金　×××　　(貸) 資 　本　 　金　×××
　　　資 本 準 備 金　×××

---

[5] 新株引受権方式のストック・オプションの会計処理については，柴（1999, pp.103-104）を参考としている。

③　ストック・オプション権利行使期間経過時
　　会計処理なし。

第5節　新株予約権方式における会計処理

　自己株式方式と新株引受権方式を統合した制度とし新株予約権方式によるストック・オプション制度が導入された平成13年（2001年）には，ストック・オプション目的で新株予約権を発行した場合における会計基準は設定されていなかった。ストック・オプションを除く新株予約権，新株予約権付社債については，当時では企業会計基準委員会より平成14年（2002年）3月に実務対応報告第1号「新株予約権及び新株予約権付社債の会計処理に関する実務上の取扱い（以下実務対応報告1号）」が公表[6]されており，会計処理「Q1」において，発行者は，新株予約権が権利行使されるまでの間，新株予約権の発行価額を負債の部に計上し，権利が行使されたときは資本金又は資本金及び資本準備金に振替，権利が行使されずに権利行使期限が到来したときは利益として処理するとされていた。

　また，同「Q4」においてストック・オプション目的の発行価額がゼロの新株予約権の場合には何ら処理が行われないこととされていた。以下では新株予約権方式における新株発行の場合と自己株式の譲渡の場合を示す[7]。

【新株発行の場合の設例】

①　ストック・オプション付与時
　　会計処理なし。

②　ストック・オプション行使時

---

[6]　実務対応報告1号の公表に拠り，平成6年（1994年）日本公認会計士協会会計制度委員会公表の「新株引受権付社債の発行体における会計処理及び表示」は廃止（日本公認会計士協会会計制度委員会2002，前書文①）。

[7]　新株予約権方式のストック・オプションの会計処理については，渡邊，鶴見（2003，pp.156-159）を参考としている。

(借) 現 金 預 金 ×××　　(貸) 資　本　金 ×××
　　　資 本 準 備 金 ×××

③　権利行使期間経過時
　　会計処理なし。

【自己株式の場合の設例】
①　ストック・オプション付与時
　　会計処理なし。

②　ストック・オプション行使時
(借) 現 金 預 金 ×××　　(貸) 自　己　株　式 ×××
　　　その他資本剰余金 ×××

③　権利行使期間経過時
　　会計処理なし。

第6節 ストック・オプションに関する会計の論点の整理

1. 概　要

　企業会計基準委員会は2002年（平成14年）12月「ストック・オプション会計に係る論点の整理（以下論点整理）」を公表した。2001年（平成13年）11月の商法改正で新株予約権制度が導入されたが、前節で述べたとおり、わが国においてはストック・オプション目的で新株予約権を発行した場合における会計基準は設定されていなかった。また、実務対応報告1号「Q4 取締役や従業員等に対するインセンティブとして無償で新株予約権を付与した場合」においてストック・オプション目的の発行価額がゼロの新株予約権の場合には何ら処理が行われないこととされていた。商法改正により、ストック・オプションの利用が一層活発になると見込まれており、また、当時、国

際的にも FASB が1995年に FAS123, IASB が2002年に ED2を公表していた。このような状況において、平成14年（2002年）5月に企業会計基準委員会がストック・オプション等専門委員会を設置し、ストック・オプションの利用調査、国際的な動向調査を行い、ストック・オプションの会計基準を検討する上で考えるべき論点の整理を行った（論点整理, par. Ⅰ）。

基本的な論点は、論点1：費用認識の要否、論点2：費用認識の相手勘定、論点3：測定の基準日、論点4：失効の取扱い、論点5：測定の基礎の5つであった。

(1) 費用認識の要否

役員や従業員の労働役務の提供に対する対価として、ストック・オプションを付与した場合、現金その他の会社財産の流出は生じないが費用認識が必要かという論点が示されている。

この論点に対して、費用認識は不要とする見解の主な理由として、「会社には現金その他の会社財産の流出が生じないため、費用認識は不要」、「付与された従業員等と既存株主とが、将来の会社の株式価値の増加を分け合うことに同意するものであり、新旧株主間の富の移転に過ぎないから、費用認識は不要」が挙げられている[8]。

費用認識は必要と考える見解の主な理由として、「経済的に価値のある労働役務を費消している以上、実際に発生した経済取引として、費用認識すべき」、「新旧株主間の取引ではなく、会社と従業員等との間の取引である」が挙げられている（論点整理, par. Ⅲ　論点1）。以下は、費用認識する見解を採用した場合である。

---

[8]　論点整理が公表された当時の企業会計基準委員会専門研究員の豊田はこれらの議論のほかに「動機付けのために付与するだけだから直接的な報酬であるとは言えない」、「1株あたり利益に2度影響を与える（潜在株式の交付による分母の増加と費用計上による分子の減少）」、「測定に信頼性がなく、認識に耐えない」、「注記の開示で十分」、「利益処分の類する」等の議論があったと述べている（西川, 豊田, 大日向2003, p.32）。

(2) 費用認識の相手勘定

ストック・オプションが行使され株式が交付された場合は会社の資本が増加するので，相手勘定は資本となる。ただし，費用認識は労働役務を費消する時点であり，通常ストック・オプションの行使，株式交付時点より前である。よって，行使され株式が交付されるか否かは判明していない。将来，行使されないまま失効してしまう可能性もある。このため，費用認識する際の相手勘定を当初から確定的に資本としてよいか，また，結果として株式が交付されなかったような場合にも，そのまま資本としておいてよいかが問題となる。

当初から資本としての性格が確定的であると考える見解（確定的資本説）においては，ストック・オプションの付与を自社株式の交付と会計上同質のものと考え，付与日以降のストック・オプションの価額変動を会計上反映させず，また，ストック・オプションが失効した場合でもいったん計上した費用を取り消して利益に戻し入れる必要はないとしている。当初は資本としての性格が確定していないと考える見解（暫定説）は，どの時点で資本としての性格が確定するかと考えるかによってさらに分かれ，権利確定日，行使期間開始日，権利行使日の3つの時点の見解がある（論点整理，par.Ⅲ　論点2）。

(3) 測定の基準日

測定の基準日で問題となるのは，費用の測定に関して，どの時点までのストック・オプションの価値変動を反映すべきか，また，最終的にどの時点の価値で測定すべきかという点である。ストック・オプションは株式を取得する権利であり，権利確定条件を満たす前から株価の変動に応じて価値が変動するので，どの時点で費用を測定するかが問題となる。付与日説，勤務日説，権利確定日説，行使期間開始日説，権利行使日説がある（論点整理，par.Ⅲ 論点3）。

(4) 失効の取扱い

失効の会計処理で問題となるのは，費用の測定に関して，どの時点までの

第3章　日本におけるストック・オプションの会計処理の変遷

ストック・オプションの数量変動（失効）を反映すべきか，また，数量変動（失効）を反映する場合，失効が生じる前に計上した費用のうち，失効したストック・オプションに対応する部分を取り消すべきか，又はストック・オプションに失効が生じても，それ以前に計上した費用は取り消すべきではないと考えるかという点である。

　費用の測定に関して，どの時点までのストック・オプションの数量変動を反映すべきかという論点に対しては，付与日以降の数量変動は反映しないとする見解，権利確定日までの数量変動は反映するがそれ以降の数量変動は反映しないとする見解，行使期間開始日までの数量変動を反映する見解，権利行使日までの数量変動を反映する見解に分かれる。

　そして，数量変動（失効）を反映する場合，失効が生じる前に計上した費用のうち，失効したストック・オプションに対応する部分を取り消すべきか，又はストック・オプションに失効が生じても，それ以前に計上した費用は取り消すべきではないと考えるかという論点に対しては，権利確定日までの失効分について費用の取り消しを行う見解と，数量は各勤務日に確定したものとみて，失効分について費用の取り消しは行わず，失効後の期間に数量変動を反映する見解に分かれる（論点整理, par. Ⅲ　論点4）。

(5)　測定の基礎

　ストック・オプションのどのような価値を基礎として費用を測定するのが適切かの論点に対しては，時価[9]を使用すべきである，最小価値を使用すべきである，本源的価値を使用すべきであるとの見解がある。

　時価を使用すべきとの見解は会計情報としての有用性の観点から，ストック・オプションの構成要素（すなわち本源的価値と時間的価値）をすべて反映する評価額を用いる必要があるという考えに基づくものである（括弧内筆者加筆）。しかしながら，時価が測定可能な市場価格は存在しないため，理論モデルを用いて市場価格に代わる評価額を算定せざるを得ず，その算定に

---

[9]　本源的価値と時間的価値の合計。時間的価値とは，「実際に権利行使される時点が測定時点から見て将来であるため，この時間差に起因して生じる価値を差し，ストック・オプションの価値の本質的な部分」（論点整理, par. Ⅲ　論点5）。

63

用いる価格算定モデル代入する変数[10]の信頼性や客観性に限界があり，評価額の信頼性は完全には確保できず，この価格算定モデルを合理的な時価の見積りの範囲内と考えるかが問題であると指摘されている。

価格算定モデルに代入する変数のうち，特に将来株価の予測ボラティリティの信頼性や客観性に限界があるということで，価格算定モデルにおいて将来株価の予測ボラティリティをゼロとしたものとして最小価値を使用すべきとの見解が示されている。本源的価値は信頼性のある測定が可能であるものの，論点3の測定基準日に関する付与日説と結びついた場合，付与時点で本源価値を有しない多くのストック・オプションについて，費用が認識されないことが問題であるとの指摘がされている（論点整理，par.Ⅲ　論点5）。

(6) 論点整理後

企業会計基準委員会は，この論点整理を公開し，説明会，公聴会を行い，寄せられた意見を勘案して，平成15年（2003年）中を目途に公開草案を公表することを予定していた。また，適用開始時期については，法律環境の整備を確かめてからでないと決められず，明確にできないとされていた（西川，豊田，大日向2003，p.38)[11]。

2．論点整理に対するコメント

企業会計基準委員会に寄せられた論点整理に対するコメントは以下のとおりである[12]。論点1の費用認識については，意見が大きく2つに分かれてお

---

10)　変数として，株式の市場価格，行使価格，リスクフリー利子率，オプションの期間，将来株価の予測ボラティリティ，予想配当が示されている。

11)　実際に，公開草案が公表されたのは，平成16年（2004年）12月であり，論点整理を公表したときの当初の予定よりすくなくとも1年は遅くなっている。このように公開草案が遅くなった具体的な理由については，公開草案3号や会計基準8号において記述はされていない。適用に関しては，会社法の施行日（平成18年（2006年）5月1日）以降に付与されたストック・オプションについて適用されることになった。施行日以前のストック・オプションについては，ストック・オプションの内容，規模及びその変動状況について，付与日における公正な評価単価を除き，注記において開示することになった（施行日以前のストック・オプションの開示については第4章の脚注22)を参照）。

12)　週刊T&Aマスター（2003，p.13）に拠る。

り，費用認識は不要とする意見では，企業側から会社財産（現金）の流出がないから，費用認識は不要としている。費用認識は必要とする意見では，企業が価値あるストック・オプションを付与し，その対価として企業が労働役務を受領して費消している以上，企業の経済取引に相当し，費用認識によりその経済実態を財務諸表上適切に開示する必要があるとの意見である。

論点2の費用認識の相手勘定については，確定的資本説と暫定説を支持するコメントがほぼ半々，論点3の測定の基準日については，コメントのほとんどが付与日説を支持，論点5の測定の基礎については，ほとんどが時価説を支持とのことである。なお，集まったコメント数，コメントをした機関名及び機関ごとのコメントについては触れられておらず，企業会計基準委員会も開示をしていない[13]。

第7節　企業会計基準公開草案第3号「ストック・オプション等に関する会計基準（案）」

企業会計基準委員会は平成14年（2002年）12月「ストック・オプション会計に係る論点の整理」を公表し，その後，審議を重ねた結果，平成16年（2004年）12月に「企業会計基準公開草案第3号　ストック・オプション等に関する会計基準（案）」（以下公開草案3号）を公表した。

主要な点は，従業員等から取得するサービスは，その取得に応じて，費用として計上し，対応する貸方金額は，新株予約権として，負債の部と資本の部の中間に独立の項目として計上する（公開草案3号，p.5）。公正な評価

---

[13] 企業会計基準委員会はコメントの内容のうち，論点1の費用認識の要否の概要については，論点整理の後に公表された公開草案及び会計基準の中で記述をしているが，その他の論点に対するコメント，コメント数及びコメントを提出した機関名についての公開はない。この論点整理に対して日本公認会計士協会は，日本において概念フレームワークが存在しない中で検討をするという問題及び労務出資を認めない商法と齟齬がある中で検討をするという問題をコメントにおいて指摘し，これらの点に対する解決及び見解を求めた。そして，論点に対する考え方はこれらの問題点の解決に左右されるとした上で，論点1については費用認識が必要，論点2については確定的資本説，論点3については付与日説，論点4については付与日における権利確定見込数を用い，権利確定数の実績が見込みと異なることとなっても，修正は行わない，論点5については，時価を使用すべきであるとの見解が回答された（日本公認会計士協会2005，pp.1-2）。

を見積もる技法としては，ブラック・ショールズや二項モデル等（公開草案3号2004，p.16）。失効については，権利行使確定前後ともに，利益として計上をする（公開草案3号2004，pp.5-6）。この基準は平成18年（2006年）4月1日から適用するスケジュールであった（公開草案3号2004，p.8）。

費用認識の相手勘定については，公開草案3号では，上記のとおり負債の部と資本の部の中間に独立の項目として計上することとしていた。しかし，個別財務諸表にこのような中間区分を設けることについては，慎重な検討が必要という意見も多く，負債案，資本案，中間区分案それぞれ意見が出せられた。

負債とすることについては，ストック・オプションを除く現行の新株予約権は負債の部に計上をしており整合性があるとの支持があったが，ストック・オプションは返済義務のある本来の負債としての性格がなくコンバージェンスの議論を進めていく上で難しいとの指摘があった。資本とすることについては，新株予約権は，行使されれば払込資本の一部として株主の持分となり，失効すれば株主の利益となって持分になり，ストック・オプションの行使の可否にかかわらず将来的には会社の持分に反映されることになり，新株予約権の段階から資本として計上してもよいとの支持があったが，現行の資本の構成項目に該当するものがないとの指摘があった。中間区分とすることについては，ストック・オプションと同様に払込資本，負債としての性格がない少数株主持分を中間に表示しているとの支持があるが，少数株主持分は連結上のもので中間区分という概念は個別財務諸表上の新しい概念であり，費用対効果，「企業会計原則」の変更といった視点から否定的な意見が提示されていた（公開草案3号2004，付録p.1）。

未公開会社のストック・オプションの評価は，株式自体が公開をしておらず，ボラティリティの算定が困難である。公開草案3号では，本則の公正な評価単価による測定に対する特例措置として，本源的価値による測定を認めていた（公開草案3号2004，p.5）。しかし，当論点についても審議の過程で意見が分かれ，以下のようないくつかの案が示された。

A案）未公開会社も，公開会社と同様に公正評価：公開会社及び米国財務会計基準書FAS123との整合性があり支持されるが，公正評価にあたり類似

会社のボラティリティを使用することの意義について疑義がある。

　B案）未公開会社については，本源的価値による評価としているが2つの案が提示されている。B-1案として，付与日から権利行使日にいたるまでの価値を見直し損益計算書に反映する（付与日に本源的価値がなくとも，決算時，権利行使時に本源的価値があれば反映）。B-1案に対しては，行使価格が付与日の見積株価を上回る状態で付与されたものでも，費用計上できる可能性があり，また，IFRS2との整合性があるとの支持意見があるが，一方，付与日ではなく行使時での評価により株価変動の影響を受けることは，本則との関連からいって疑義があり，また，費用計上額が労働サービスの提供と対応しないといった点が指摘をされている。B-2案として，付与日において測定をした後は見直さないが，B-1案に基づく影響額を開示することとなっている。B-2案に対しては，付与日の見積株価が，行使価格を上回る状況で付与されたものを除いて，費用の測定値がゼロとなり，大量にストック・オプションが発行されても未公開会社では費用計上がなされないとの指摘がある（公開草案3号2004，付録p.2）。

　なお，未公開会社の取り扱いについて上記案が示されているが，本源的価値の算定に必要となる未公開会社の原株式の評価方法については，公開草案3号においては言及がされていなかった。

　企業会計基委員会は，上記のとおり公開草案3号において概要を示し平成17年（2005年）2月まで，引き続き公開で意見を求めた（豊田2005, p.14）。

第4章

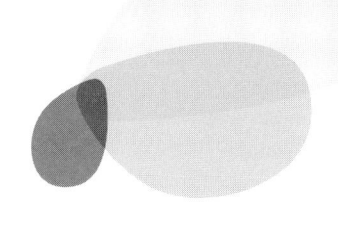

日本における
ストック・オプションの
会計基準の現状

第1節　貸借対照表の純資産の部の表示に関する会計基準

1. 経　緯

　企業会計基準委員会は，平成17年（2005年）12月9日に企業会計基準第5号「貸借対照表の純資産の部の表示に関する会計基準（以下会計基準5号）」及び企業会計基準適用指針第8号「貸借対照表の純資産の部の表示に関する会計基準等の適用指針（以下適用指針8号）」を公表し[1]，平成19年（2007年）5月の会社法施行日以降終了する中間連結会計期間及び中間会計期間に係る中間連結財務諸表及び中間財務諸表並びに連結会計年度及び事業年度に係る連結財務諸表及び財務諸表から適用されることになった[2]。

　平成16年（2004年）12月に公表された公開草案3号において，ストック・オプションに対応する金額の貸借対照表上の表示について，負債の部と資本の部の中間に独立の項目として計上すべきと提案がされていたが，別途，貸

---

1) 企業会計基準5号及び適用指針8号の公表以前に，平成17年（2005年）8月に企業会計基準公開草案第6号「貸借対照表の純資産の部の表示に関する会計基準（案）」，企業会計基準適用指針公開草案第9号「貸借対照表の純資産の部の表示に関する会計基準等の適用指針（案）」が公表されている。
2) 平成18年（2006年）5月より会社法が施行されており，会社法に対応した会社計算規則105条及び108条（平成18年2月法務省令第13号）においても「純資産の部」の表示が定められている。

借対照表における貸方項目の区分表示のあり方全般について検討を行うこととされていた[3]。そのため，企業会計基準委員会では，貸借対照表表示検討専門委員会を設置し，この問題について審議を行い，平成17年（2005年）8月に企業会計基準公開草案第6号「貸借対照表の純資産の部の表示に関する会計基準（案）」を公表し広く意見を求め，さらに審議を行い，会計基準5号及び適用指針8号が公表された（会計基準5号，par.16）。

なお，この会計基準5号及び適用指針8号は，外部の研究者を中心として組織されたワーキング・グループより平成16年（2004年）9月に公表されている討議資料「財務会計の概念フレームワーク」（以下討議資料）の一部も素材にして議論されたものである（秋葉2006, p.25）[4]。

2. 純資産の部の概要

会計基準5号及び適用指針8号においては，表記上，これまでの資本の部に代えて（会計基準5号，par.21）純資産の部が創設された[5]。

---

3) 貸借対照表における貸方区分の表示のあり方の検討について，ストック・オプションに対応する金額の貸借対照表上の表示に関する以外に近年の資本の部に対する考え方の変更や中間区分の設定が背景として挙げられている（会計基準5号，par.16）。資本の部に対する考え方の変更は，平成11年（1999年）に企業会計審議会から公表された「金融商品に係る会計基準」において，その他有価証券に係る評価差額は，損益計算書を経由せず資本の部の直接計上することになったこと，及び，同年に同じく企業会計審議会から公表された改訂「外貨建取引等会計処理基準」において在外子会社等の財務諸表の換算によって生じた換算差額を連結貸借対照表の資本の部に直接計上することになったこと（会計基準5号，par.14）である。中間区分の設定については，平成9年（1997年）の改訂「連結財務諸表原則」における少数株主持分の表示のこと（会計基準5号，par.15）である。

4) ワーキング・グループは企業会計基準委員会のもとに組織されたもので，委員会から常勤委員や事務局メンバーも加わり，委員会の委員長が座長を務めていた（討議資料，p.i）。この討議資料は米山（2007, pp.32-33）に拠れば「企業会計基準委員会からの委託を受けた基本概念ワーキング・グループによるもので，その公表について企業会計基準委員会が承認したもの」という位置付けであった。なお，米山は，平成18年（2006年）12月に企業会計基準委員会より公表された改訂版の討議資料「財務会計の概念フレームワーク（以下討議資料改訂版）」は企業会計基準委員会における通常のデュー・プロセスに基づいており，「企業会計基準委員会による討議資料」へ変質したとしており，この変化が改訂版において「最重要」，「『討議資料』の内容それ自体が大きく変質したわけではない」と述べている。

5) 池田（2007, p.107）は，討議資料においては「純資産の部」は「純資産」と呼ばれているな

第4章 日本におけるストック・オプションの会計基準の現状

　純資産の部は，株主資本と株主資本以外の各項目に区分され，株主資本は，資本金，資本剰余金及び利益剰余金に区別された（会計基準5号，pars.4-5)。個別貸借対照表上，資本剰余金は，資本準備金及びその他資本剰余金に区別され，利益剰余金は利益準備金及びその他利益剰余金に区分され，さらにその他利益剰余金のうち，任意積立金のように，株主総会又は取締役会の決議に基づいて設定される項目については，その内容を示す科目をもって表示し，それ以外については繰越利益剰余金にて表示されることとなった（会計基準5号，par.6)。株主資本以外の項目は，個別貸借対照表上では，評価・換算差額等及び新株予約権に区分され，連結貸借対照表上では，評価・換算差額等，新株予約権及び少数株主持分に区分された（会計基準5号，par.7)。

　ストック・オプションの貸借対照表上の表示について，この会計基準5号及び適用指針8号においてストック・オプションという表現を直接用いて記述はされていない。しかしながら，会計基準5号及び適用指針8号が公表された平成17年（2005年）12月9日より間もない同年12月27日に公表された会計基準8号及び適用指針11号において，ストック・オプションの権利の行使又は失効が確定するまでの間，貸借対照表の純資産の部に新株予約権として計上することになっている（会計基準8号，par.4)[6]。したがって，ストック・オプションの貸借対照表上の表示については，会計基準5号及び適用指針8号にもよることとなり，以下，会計基準5号及び適用指針8号における新株予約権に関連する内容につき記述をする。

3. 純資産の部における新株予約権の表示

　新株予約権は，純資産の部の株主資本以外の項目として記載される（会計

　　ど，会計基準5号の「純資産の部」における呼称が討議資料において相違するが，大差ないとしている。なお，討議資料改訂版でも「純資産」等の呼称が用いられている。

[6]　会計基準8号及び適用指針11号が公表された同日に，ストック・オプション等に関する会計基準である会計基準8号に示されていない新株予約権及び新株予約権付社債の会計処理について，実務上の取扱いを明らかにする目的で，実務対応報告第16号「会社法による新株予約権及び新株予約権社債の会計処理に関する実務上の取扱い（以下実務対応報告16号)」が企業会計基準委員会より公表されている。

基準5号,par.7)。純資産の部は,貸借対照表上,資産性又は負債性を持つものを資産の部又は負債の部に記載し,それらに該当しないものを資産と負債の差額として純資産の部として記載するとされている(会計基準5号,par.21)[7]。前述のとおり,純資産の部は株主資本と株主資本以外の項目に区分されるが,資本と利益の連繋を重視し,資本については,株主に帰属するものであることを明確にすることとしたとされている(会計基準5号,par.21)[8]。

また,資産は,一般に,過去の取引又は事象の結果として,財務諸表を報告する主体が支配している経済的資源,負債は,一般に過去の取引又は事象の結果として,報告主体の資産やサービス等の経済的資源を放棄したり引き渡したりする義務という特徴を有すると考えられる(会計基準5号,par.18)とし,このように資産と負債を明確にすれば,資産と負債の差額がそのまま資本とは必ずしも同じとはならず,その差額を適切に示すように,これまでの「資本の部」という表記を「純資産の部」に代えることにした(会計基準5号 par.21)としている[9]。

---

[7] 討議資料改訂版第3章財務諸表の構成要素(以下構成要素改訂版)においては,「純資産とは,資産と負債の差額をいう」とされている(構成要素改訂版,par.6)。

[8] 構成要素改訂版においては,「株主資本とは,純資産のうち報告主体の所有者である株主(連結財務諸表の場合には親会社株主)に帰属する部分をいう」とされている(構成要素改訂版,par.7)。改訂版以前の討議資料の構成要素においては,株主資本の項目は設けられていないが,純資産の項目の中で,純資産は「報告主体の所有者である株主(連結財務諸表の場合には親会社株主)に帰属する資本と,その他の要素に分けられる」と記述されている。この資本の定義における「所有者」について,野口(2005,pp.39-43)は,討議資料において概念定義が行われていないと述べるとともに,新株予約権者を所有者の定義から排除する困難さを法定形式及び負債概念の定義の拡張に言及し論じている。なお,純資産の部に関して,概念定義等に関する会計理論や海外の制度との比較に拠り制度的特徴について論じたものに池田(2007,pp.105-115),収益費用アプローチと資産負債アプローチの視点,包括利益概念導入に関連する表示区分の視点,会社法との関連の視点,国際的競合化との視点より純資産の部の特質を論じたものに氏原(2007,pp.37-46),株主資本概念の拡張の視点より純資産の部を論じたものに原田(2008,pp.14-25)がある。

[9] 構成要素改訂版においては,「資産とは,過去の取引又は事象の結果として,報告主体が支配している経済的資源をいう」(構成要素改訂版,par.4),「負債とは,過去の取引又は事象の結果として,報告主体が支配している経済的資源を放棄もしくは引き渡す義務,又はその同等物をいう」(構成要素改訂版,par.5)とされている。

第4章 日本におけるストック・オプションの会計基準の現状

　新株予約権は，上記にて記載した，純資産の部に含まれるが株主資本には含まれないものとされている。そして，新株予約権は，会計基準5号において以下のとおり記載についての考え方は述べられている[10]。「新株予約権は，将来，権利行使され払込資本となる可能性がある一方，失効して払込資本とはならない可能性もある。このように，発行者側の新株予約権は，権利行使の有無が確定するまでの間，その性格が確定しないことから，これまで，仮勘定として負債の部に計上することとされていた。しかし，新株予約権は，返済義務のある負債ではなく，負債の部に表示することは適当ではないため，本会計基準では純資産の部に記載することとした」（会計基準5号，par.22）。ここでは，純資産の部の記載において，新株予約権が負債に該当しないことが述べられるとともに，新株予約権が「権利行使の有無が確定するまでの間，その性格が確定しない」と新株予約権の特徴が述べられている。さらに「新株予約権は，報告主体の所有者である株主とは異なる新株予約権者との直接的な取引によるものであり，また，（中略）親会社株主に帰属するものではないため，株主資本とは区別する」（会計基準5号，par.32）と株主資本に該当しないことが述べられている。

第2節　新株予約権の会計処理

　新株予約権の発行者側の会計処理については，権利が行使されたときは資本金又は資本金及び資本準備金に振替，権利が行使されずに権利行使期限が到来したときは利益として処理することとしており，新株予約権を純資産の部に記載することになっても従来と異なる定めはしていない（会計基準5号，par.32；適用指針8号，par.13)[11]。
　上記が示す従来の新株予約権の会計処理とは，平成14年（2002年）3月に

---

[10] 構成要素改訂版を含め討議資料改訂版において，「新株予約権」という用語に基づく定義や考え方の記載はない。ただし，純資産のうち，株主資本以外の部分として，報告主体の将来の所有者となり得るオプションの所有者との直接的な取引で発生した部分が含まれるとの記述はある（構成要素改訂版，par.20）。

[11] 脚注6）において言及した実務対応報告16号においても同様に定められている（実務対応報告16号，Q1 A1.(1), (3))。

73

企業会計基準委員会より公表された実務対応報告1号に拠るものであり，「新株予約権をその発行価額により仮勘定として負債の部に計上することが適当である」[12]，「新株予約権の発行価額は負債の部に計上し，権利が行使されたときは資本金又は資本金及び資本準備金に振替え，権利が行使されずに権利行使期限が到来したときは利益として処理する」[13]（実務対応報告1号Q1・A・3）とされており，負債に代わって純資産へ計上すること以外大きな変化はない[14]。このように，従来，新株予約権の会計処理は行使されれば資本取引，行使されなければ損益取引（池田2007, p.106）とされてきており，会計基準5号により，負債に代わって純資産に計上されることになったものの，「損益計算の観点からすれば，これは新株予約権を従来通り負債として扱っているのと同じである」（野口2006b, p.63）との指摘がされている。

第3節　企業会計基準第8号「ストック・オプション等に関する会計基準」

1. 経　緯

　平成13年（2001年）11月の商法改正により，新株予約権制度が導入され，以降，新株予約権のストック・オプションとしての利用が活発化し，海外においてはストック・オプションに関する会計基準が整備されつつあった（会計基準8号, par.21）。

---

12)　平成6年（1994年）日本公認会計士協会会計制度委員会公表の「新株引受権付社債の発行体における会計処理及び表示」において権利行使が確定するまでの間は仮勘定として扱うとされている。

13)　平成13年（2001年）11月の商法改正に拠って新株予約権が定められる前の商法では新株引受権が定められており（本書第2章第4節参照），実務対応報告1号Q1・A・3では，新株引受権付社債の会計処理である企業会計審議会が平成11年（1999年）1月に公表した「金融商品会計基準」の第六・一を勘案していると記されている。

14)　会社法施行日前に発行の決議があった会社法施行日前の商法による新株予約権及び新株予約権付社債の会計処理について当面の扱いをするために平成17年（2005年）12月27日に改正された実務対応報告第1号「旧商法による新株予約権及び新株予約権付社債の会計処理に関する実務上の取扱い」が公表されている。

第4章　日本におけるストック・オプションの会計基準の現状

　わが国においては，長い間，ストック・オプションに対する包括的な会計基準がなく，費用計上が求められてこなかった。平成14年（2002年）には新株予約権及び新株予約権付社債に関して，実務対応報告1号が公表され，ストック・オプションに係る会計基準が設定されるまでの当面の会計処理として，新株予約権の会計処理と同様にすることとされたものの，新株予約権を無償で付与する場合は負債及び費用の認識は行わないものとされた（平成14年の実務報告1号，Q4・A）。はじめて，ストック・オプションに関する会計基準が設定されたのは，平成17年（2005年）12月の会計基準8号と適用指針11号の公表によるものであり，以降，公正な評価額による費用計上が義務付けられている。

　会計基準8号及び適用指針11号を公表するにあたり，企業会計基準委員会は，わが国におけるストック・オプション制度の実態調査及び国際的な動向に関する基礎調査を行った[15]。それらを踏まえ，前述のとおり企業会計基準委員会は平成14年（2002年）12月に論点整理を公表し[16]，その後，審議を重ねた結果，平成16年（2004年）12月に公開草案3号を公表した。そして，平成17年（2005年）2月まで，引き続き公開で意見を求め，寄せられたコメントやその後の審議の結果，適用範囲や条件変更時の取扱いなどに関し修正を行い，平成17年（2005年）12月に会計基準8号及び適用指針11号が公表され（会計基準8号，par.21）[17]，会社法の施行日すなわち平成18年（2006年）5

---

15)　わが国におけるストック・オプション制度の実態調査及び国際的な動向に関する基礎調査結果について，財団法人財務会計基準機構より，「調査レポートシリーズ No.1わが国におけるストック・オプション制度に関する実態調査」が平成15年（2003年）2月に，「研究シリーズ No.1ストック・オプション会計の国際比較」が同年1月に発行されている。

16)　平成14年（2002年）8月には金融庁が「証券市場の改革推進プログラム」を公表し，「会計・監査の充実・強化」の項目において「ストック・オプションの会計処理の明確化」を取り上げ，「ストック・オプションの会計基準を早期に作成するよう，企業会計基準委員会に要請する」としていた。

17)　公開草案3号において，ストック・オプションに対応する金額の貸借対照表上の表示について，負債の部と資本の部の中間に独立の項目として計上すべきと提案がされていたが，別途，貸借対照表における貸方項目の区分表示のあり方全般について検討を行うこととされていた。そして，企業会計基準委員会では，貸借対照表表示検討専門委員会を設置し，この問題について審議を行い，平成17年（2005年）8月に企業会計基準公開草案第6号「貸借対照表の純資産の部の表示に関する会計基準（案）」を公表し広く意見を求め，さらに審議を行い，会計基準5号及び適

月1日以後に付与されるストック・オプションから適用されている(会計基準8号, par.17)。

2. 範　囲

　会計基準8号は, (1)企業がその従業員等に対してストック・オプションを付与する取引, (2)企業が財貨又はサービスの取得において, 対価として自社株式オプションを付与する取引であって(1)以外のもの, (3)企業は財貨又はサービスの取得において, 対価として自社の株式を交付する取引を対象の範囲としている (会計基準8号, par.3)。

　このように, 会計基準8号は, 自社の従業員等への労働サービスの対価としてのストック・オプションの付与のみを対象とした会計基準にとどまらず, より広範なものになっている。会計基準8号はこの範囲の考え方としてより仔細な記述を行い, 子会社の従業員等に付与するものも対象取引であるとし(会計基準8号, par.24), さらに, 付与対象は自社の従業員等に限らず, サービスには労働サービス以外も含まれるとしている (会計基準8号, par.25)。財貨又はサービスの取得の対価として自社株式オプションの付与のみならず, 自社株式を交付する取引も対象ともしている (会計基準8号, par.26)。そして, 適用指針11号においては, 会計基準8号及び適用指針11号に基づく具体的な設例欄が設けられており, その中で, いわゆる通常のストック・オプションである自社の従業員等への労働サービスの対価としてのストック・オプションについての設例以外のものとして, 「親会社が自社株式オプションを子会社の従業員等に付与する場合 (適用指針11号, 設例5)」, 「財貨又はサービスの取得の対価として, 自社株式オプション又は自社の株式を用いる取引 (適用指針11号, 設例6)」が説明されている。

　会計基準8号が適用されない取引として, (1)自社株式オプション又は自社の株式を用いない取引, (2)付与した自社株式オプション又は交付した自社の株式が, 財貨又はサービスの取得の対価にあたらない場合, (3)デット・エク

　用指針8号が公表された。公開草案3号については, 「第3章第7節」, 会計基準5号及び適用指針8号については, 本章第1節を参照。

イティ・スワップ取引，(4)取得するものが事業である場合，(5)従業員持株制度において自社の株式購入に関し，奨励金を支出する取引，(6)敵対的買収防止策として付与される自社株式オプションが挙げられている（会計基準8号，par.27）。

3. 付与から権利行使までの流れ

　一般的なストック・オプションの場合，労働や業務執行等のサービスへの対価として会社から従業員等へ報酬として，勤務条件や業績条件等の権利確定条件がついたストック・オプションが付与される。付与された日は付与日とされる。権利確定のための対象勤務期間があるストック・オプションの場合は勤務対象期間において，従業員等が労働や業務執行等のサービスを会社に提供することで，権利が確定する。会社側は，対象勤務期間にわたり，付与日の評価額に基づき，各期末に費用計上をする。そして，従業員は，権利確定後の一定の権利行使期間において，権利行使をし，対象となる株式を取得することとなる（会計基準8号，pars.2, 4, 5）。この流れを表すと次のようになる。

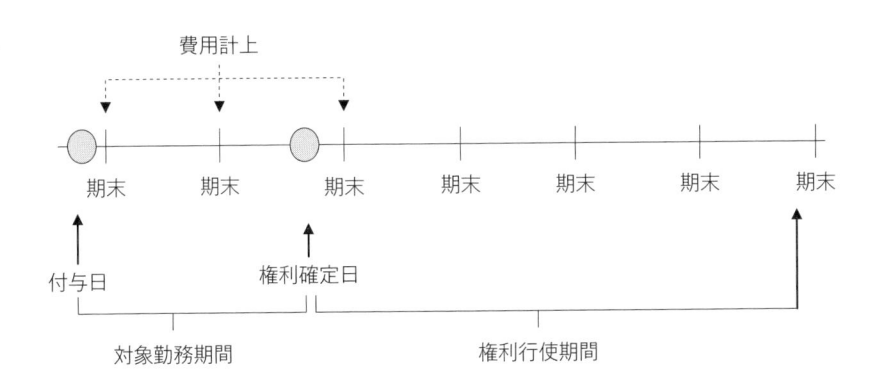

　ストック・オプションが付与されたものの，権利行使がされないことを失効といい，失効には，権利確定条件が達成されなかったことによる失効と権利行使期間中に行使されなかったことによる失効がある（会計基準8号，par.2 (13)）。

77

4. 会計処理
(1) 権利確定以前の会計処理

ストック・オプションを付与した場合は，企業は従業員等からサービスの取得に応じて借方にて費用計上をし，対応する貸方は，ストック・オプションの権利の行使又は失効が確定するまでの間，貸借対照表の純資産の部に新株予約権として計上する（会計基準8号，par.4）[18]。

（借）　株式報酬費用　×××　　（貸）　新株予約権　×××

費用計上額は公正な評価単価にストック・オプション数を乗じて算出する。公正な評価額＝公正な評価単価×ストック・オプション数となる。この公正な評価単価は，付与日現在で算出をする。評価単価の算出技法は，株式オプションの合理的な価額の見積りに広く受け入れられている技法を利用することとされている[19]。ストック・オプション数は権利不確定による失効の見積数を控除した数である。費用計上がされている各期において失効の見積数に変動が生じた場合は，変動後のストック・オプション数に基づく公正な評価額により，当該決算期間までに費用として処理すべき額を再度算定して，これまで計上した金額との差額をその期に損益として計上する。権利確定日には，ストック・オプション数を権利の確定したストック・オプション数と一致をさせ，ストック・オプション数の見積りの変動の影響は，権利確定日が属する期において損益として計上する（会計基準8号，pars.5-7）。

(2) 権利確定日後の会計処理

ストック・オプションが権利行使され，これに対して新株を発行した場合は，新株予約権としてこれまで計上した額のうち，権利行使に対応する部分

---

[18] 仕訳処理については，適用指針11号の説例を参照している。
[19] 株式オプションの合理的な価格算定のために広く受け入れられている，株式価格算定モデルとして，市場関係者の間で広く受け入れられている，ブラック・ショールズ式や二項モデルが例として挙げられている（会計基準8号，par.48）。なお，公正な評価単価の算定方法については，適用指針11号に，算定技法が満たすべき要件や算定における株価変動性，予想残存期間，利子率，予想配当額等について仔細に述べられている（適用指針11号，pars.5-16）。

を払込資本に振り替える。権利行使に対して，企業が自己株式を処分した場合には，自己株式取得原価と新株予約権の帳簿価額及び権利行使に伴う払込金額の合計額との差額は，自己株式処分差額として処理する（会計基準8号，par.8）[20]。

① 新株を発行する場合
(借) 現 金 預 金　×××　　(貸) 資　本　金　×××
　　　新 株 予 約 権　×××

② 自己株式を処分する場合
(借) 現 金 預 金　×××　　(貸) 自 己 株 式　×××
　　　新 株 予 約 権　×××　　　　自己株式処分差益　×××

ストック・オプションが権利不行使によって失効した場合には，失効に対応する部分を利益として失効が確定した期に処理する（会計基準8号，par.9）。なお，この失効による利益は，原則として特別利益として「新株予約権戻入益」等の科目名称を用いるとされている（適用指針11号，par.47）。

(借) 新 株 予 約 権　×××　　(貸) 新株予約権戻入益　×××

(3) ストック・オプションに係る条件変更の会計処理

行使価格を変更する等の条件変更により，公正な評価単価が変動した場合

---

[20] 自己株式を処理した場合の会計処理は，平成17年（2005年）12月に改正された企業会計基準第1号「自己株式及び準備金の額の減少等に関する会計基準（以下会計基準1号）」に基づくとしている。なお，会計基準1号は平成14年（2002年）2月に公表されたものであり，平成17年（2005年）12月に改正の後，平成18年（2006年）5月に会社計算規則が施行されたことなどから平成18年（2006年）8月にさらに改正された。平成18年（2006年）の改正後の基準において，自己株式処分差益は，その他資本剰余金に計上し，自己株式処分差損は，その他資本剰余金から減額することとなっており（改正後会計基準1号，pars.9-10），自己株式処分差損あるいは，自己株式の消却により，その他資本剰余金の残高が負の値となった場合には，会計期間末において，その他資本剰余金をゼロとし，当該負の値をその他利益剰余金（繰越利益剰余金）から減額することとされている（改正後会計基準1号，par.12）。

で[21]，条件変更日におけるストック・オプションの公正な評価単価が，付与日における評価単価を上回る場合には，公正な評価額の増加額について，以後追加的に費用計上を行うとされている。付与日における評価単価以下となる場合は，条件変更日以後においても，条件変更前より行われてきた付与日における公正な評価単価に基づく公正な評価額により費用計上を継続するとされている。なお，新たな条件のストック・オプションの付与と引き換えに，当初付与したストック・オプションを取り消す場合には，実質的に当初付与したストック・オプションの条件変更と同じ経済実態を有すると考えられる限り，ストック・オプションの条件変更とみなして会計処理を行うとされている（会計基準8号，par.10）。

ストック・オプション数を変動させた場合には，条件変更前から行われてきた費用計上を継続するとともに，公正な評価額の変動額を，以後，合理的な方法に基づき，残存期間にわたって計上し，対象勤務期間の変更により計上期間を変動させた場合には，条件変更前の残存期間に計上すると見込んでいた金額を，以降，合理的な方法に基づき，新たな残存期間にわたって費用計上をするとされている（会計基準8号，pars.11-12）。

(4) 費用計上における見積り

前述のとおり，費用計上額は公正な評価単価にストック・オプション数を乗じて算出する。評価単価の算出技法は，株式オプションの合理的な価額の見積りに広く受け入れられている技法を利用することとされている。そして，ストック・オプション数は権利不確定による失効の見積数を控除した数である。費用計上がされている各期において失効の見積数に変動が生じた場合は，変動後のストック・オプション数に基づく公正な評価額により，当該決算期間までに費用として処理すべき額を再度算定して，これまで計上した金額との差額をその期に損益として計上する。

このように費用計上においては，算定技法及び失効数において見積りがさ

---

21) 公正な評価単価の算定については，算定時点における株価，権利行使価額，権利行使期間，配当，無リスクの利子率，株価変動性を反映することとなっており（適用指針11号，par.6），これらの変化によりオプション価値が変動することになる。

第4章　日本におけるストック・オプションの会計基準の現状

れることになる。会計基準8号及び適用指針11号において，算定技法に用いる基礎数値の見積りすなわち株価変動性，オプションの満期までの配当額，残存期間の見積りにあたっては，当該企業に係る客観的な過去の情報を基礎としつつ，個別のケースに応じて合理的な調整を行うとされている（適用指針11号，pars.6, 9）。さらに，将来の予測値である基礎数値の見積りに関して，最も客観的な基礎を提供できるのは過去の実績値であり，株価変動性や残存期間等の基礎数値の見積りにあたって，基本的には過去の実績値を基礎とすることが適当であるとしている（適用指針11号，par.44）。

　また，失効数の見積りについては，どのように行うか特に規定は設けられていないが，見積方法について注記することとされている（会計基準8号，par.16(4)；適用指針11号，par.30)。そして，適用指針11号の参考（注記例）においては，将来の失効数の合理的な見積りは困難であるため，実績の失効数のみ反映させる方法を採用する旨の注記がされている（適用指針11号，参考（注記例）3）。すなわち，基礎数値の見積りのみならず失効数の見積りも過去の実績値を基礎とすることとされていると解することができる。

5. 開　示

　会計基準8号及び適用指針11号の適用による財務諸表への影響額について注記するように規定されており，当該会計期間に新たに付与したストック・オプションに係る当期の費用計上額と当該会計期間より前に付与されたストック・オプションに係る当期の費用計上額の双方を含み注記することとされている。権利不行使による失効が生じた場合には，利益として計上した額を注記することとされている。他に，付与対象者の区分（役員，従業員などの別）及び人数，ストック・オプションの数（付与数，権利不確定による失効数，権利確定数，権利未確定残数，権利行使数，権利不行使による失効数，権利確定後の未行使残数），付与日，権利確定条件，対象勤務期間，権利行使期間，権利行使価格，付与日における公正な評価単価[22]，権利行使時の株

---

[22]　平成17年（2005年）に公表された会計基準8号及び適用指針11号では，会社法の施行日（平成18年（2006年）5月1日）以後に付与されたストック・オプション等から適用することとされていたが，それより前に付与されたストック・オプションであっても会社法の施行日以後に存

価の平均値，公正な評価単価の見積方法，権利確定数の見積方法[23]，条件変更の状況等を注記することとされている。

　また，未公開企業において，公正価値に拠らず本源的価値による算定を行う場合には，当該ストック・オプションの各期末における本源的価値の合計額及び各会計期間中に権利行使されたストック・オプションの権利行使日における本源的価値の合計額を注記することとされている[24]（会計基準8号，par.16；適用指針11号，pars.24-35）。

　　するものについては，一定の注記が求められていた（会計基準8号，par.17）。このため，これに該当するストック・オプションについて，「付与日における公正な評価単価」を算出し注記することが求められるのではないかとの意見が呈されていた（「ストック・オプション等に関する会計基準の適用指針」の改正（以下適用指針11号の改正））。平成18年（2006年）5月30日に，適用指針11号が改正され，改正後の適用指針25項に「会社法の施行日以後に付与されたストック・オプションに関する評価単価をいう」という文言が追記され，会計基準及び適用指針の趣旨は，これらに基づく会計処理が求められていない会社法の施行日より前に付与されたストック・オプションについてまで付与日における公正な評価単価の注記を求めるものではないことが明確にされた（適用指針11号の改正）。
23）　権利確定数の見積方法として，勤務条件や業績条件の不達成による失効数の見積方法を記載するとされている（適用指針11号，par.30）。
24）　未公開企業において，本源的価値により算定を行う場合には，本源的価値は，算定時点における自社の株式の評価額から行使価格を行使したものであるため，株式価値の算定方法を注記することとされており，また，公正な評価単価の見積りによる場合にも，その算定の基礎数値である自社の株式の評価額を見積ることになるため，この場合も，株式価値の評価方法の注記が必要であるとされている（適用指針11号，par.73）。しかしながら，具体的な株式価値の評価方法についての記載は会計基準8号及び適用指針11号ともにされていない。

第5章

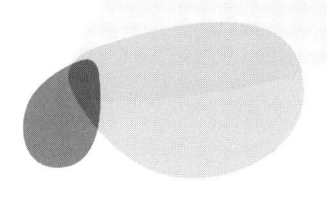

未公開企業における
ストック・オプション会計
基準の適用の必要性

第1節 企業会計基準第8号，FAS123R及び IFRS2の概要と特徴

1．各基準の概要

　未公開企業のストック・オプションの評価方法は，会計基準8号，FAS123R，IFRS2において相違しており，以下，評価方法の概要を述べる。

　会計基準8号においては，未公開企業[1]は公正な評価単価に代え，付与日の本源的価値の見積りに基づいて会計処理ができるとされている（会計基準8号，par.13）。そして，決算期末ごとに本源的価値を見直さず，各期末における本源的価値の合計額及び各会計期間中に権利行使されたストック・オプションの権利行使日における本源的価値の合計額を注記で開示すること

---

1) 公開企業とは株式を証券取引所に上場している企業又はその株式が組織された店頭市場に登録されている企業をいい，未公開企業は公開企業以外の企業とされている（会計基準8号，par.2⒁）。そして，株式がいわゆるグリーン・シート市場において取引されている企業は，組織された店頭市場に登録されている企業，すなわち公開企業には該当しないとしている（適用指針11号，par.3）。なお，組織された店頭市場とは，株価を公表するシステムが存在する店頭市場と定義されている（会計基準8号，par.2⒁）。グリーン・シート市場は，日本証券業協会が非上場企業の株式を売買するために，平成9年（1997年）7月からスタートさせた制度であり，平成9年（1997年）末における該当銘柄数は22銘柄，平成22年（2010年）末においては63銘柄となっている（http://www.jsda.or.jp/html/green heet/index.html）。

されている（会計基準8号，par.16(5)）。

FAS123Rにおいては，原則，付与日に公正価値評価をすることが求められている（FAS123R, par. 1）。しかしながら，株価の期待変動率を予測するのは困難なため，公正価値評価が不能の場合は同様の産業分類のインデックスの過去のボラティリティを使用して評価することとしている（FAS123R, par. 23）。ただし，ごくまれに付与日における公正価値評価が不可能な場合は，期末ごとに本源的価値にて評価することとしており，その場合，最終的な費用計上額は行使時の本源的価値となるとしており，また，仮に公正価値評価による見積りが可能となったとしても評価方法の変更は認められないとしている（FAS123R, par. 25）。

IFRS2においては，FAS123Rと同様，原則，付与日に公正価値評価をすることが求められ（IFRS2, par. 16），評価にあたり当該企業の市場株価が利用できない場合は，内部市場[2]における取引価格や類似企業の株価の期待変動率などを公正価値評価にあたり使用することとしている（IFRS2, Appendix B par. 27-28）[3]。しかしながら，ごくまれに付与日における公正価値が信頼性をもって見積もれない場合は，本源的価値による測定とし，行使等によって決済されるまで各期末に見直すこととしている（IFRS2, pars. 24-25）。

2．各基準の特徴

上記概要で示したとおりFAS123及びIFRS2においては，未公開企業においても，原則，公正価値評価が求められており，公開企業の基準との関係において一貫性がある。しかしながら，評価不能の場合は，類似の産業分類の株価インデックス等の期待変動率を使用することを認めているが，個別企業の情報開示に類似企業の期待変動率を使用することは信頼性に疑義があると考える[4]。また，自社以外の株価インデックス等の期待変動率を使用すること

---

[2] 原文では，"an internal market"と表記されている。従業員や第三者に対して頻繁に株式やオプションを発行している場合のその市場のこと（IFRS2, Appendix B par. 28）。

[3] 未公開企業が自社の株式の見積りに類似企業の株価を使用していない場合は，純資産や利益の期待変動率を公正価値評価において使用しても良いとしている（IFRS2, Appendix B par. 30）。

は，公開企業より作業負担が重くなる可能性があると考える。

　FAS123及びIFRS2ともにごくまれなケースとして本源的価値の使用を許容しているが，権利行使日まで各決算期において価値の再評価，費用の計上が求められており，付与日以降の予期できない株価変動の影響を費用として計上することになる。この株価変動の影響は，従業員等からのサービス提供の対価としてのストック・オプション付与の目的とは関係ないことである（公開草案3号，付録；会計基準8号，pp.62-63）。

　会計基準8号による本源的価値評価では，本源的価値がゼロとなる場合が生じ，これを助長する可能性があり，事実上費用計上されないケースが生じる（公開草案3号，付録1；会計基準8号，par.61）。また，脚注に決算期における，自社株式の評価方法，本源的価値の合計額，決算期間中に行使されたストック・オプションの権利行使日における本源的価値の合計額の開示が求められており（会計基準8号，par.63），作業負荷が新たに発生する。

第2節　企業会計基準第8号における未公開企業に対する基準

　上記のとおり，未公開企業については，公正価値もしくは本源的価値いずれの評価方法を採用した場合でも，未公開企業におけるストック・オプションの費用計上は，否定的特徴を持つことになる。

　そもそも企業会計基準委員会がストック・オプションの会計基準を策定した目的は，平成13年11月の商法改正において新株予約権制度が導入されたことを受け，新株予約権のストック・オプションとしての利用が活発化しており，それに対応してストック・オプション取引の会計処理及び開示を明らかにすることとされている（会計基準8号，par.1）。したがって，仮に，未公開企業に対しては，従来通り「費用計上を必要としない」という会計基準を策定したとしても，ストック・オプション取引の会計処理及び開示が明らか

4）　会計基準8号の設定に際し公表された企業会計基準公開草案第3号「ストック・オプション等に関する会計基準（案）（以下公開草案3号）」において，個別企業の情報開示に他の企業のデータを用いることの意義について疑義があるとの指摘がなされている（公開草案3号，付録2）。

にされていれば会計基準策定の目的との整合性から外れることにはならないと考える。

　会計基準8号において，費用計上の根拠とされているのは，ストック・オプションの対価として，企業にサービスが提供され，そのサービスを企業が消費したことに費用認識の根拠があるということである（会計基準8号，par.35）。そして，その費用認識の根拠を前提として，未公開企業については，本源的価値の適用か公正な評価による適用かについて検討されたことが同草案において言及がされている（会計基準8号，pars.60-63）。しかしながら，未公開企業と公開企業における会計の目的の相違や未公開企業における会計実務を勘案した上での検討は，同会計基準において行われていない。

　また，本源的価値適用時の自社株式の評価方法について，どのような評価方法が最も適切であるかはそれぞれの，企業の置かれた状況や，評価技法の発展状況で異なるので評価技法を定めないとしている。しかしながら，企業の置かれた状況がどのような状況であるのか，また，なぜ，評価技法の発展にあわせて見直しを行おうとしないのかの説明はなされていない。そして，例示として，当該株式を第三者に新規の発行する場合の価格を決定する際に用いる方法を挙げ「合理的な評価方法」である必要があるとするもの何をもって合理的とするかの基準についての仔細な記載はない。さらに，この評価方法について，企業の発展段階によって応じて異なり得るとしているが発展段階の基準は示されていない。なお，「それぞれの評価時点において，企業価値を最もよく表し得ると考えられる方法を採用すればよい」としており，未公開企業の自社株式の評価方法について，継続性を求められていない（適用指針11号，pars.60-61：設例6-3）。自社の株式価値の評価方法の見積りについて注記として開示することとされている（適用指針11号，par.73）。

第3節　本源的価値適用時の株式の評価

1. 自社株式評価の必要性

　会計基準8号において，未公開企業については，ストック・オプションの評価単価に代えて，ストック・オプションの単位あたりの本源的価値の見積

第5章　未公開企業におけるストック・オプション会計基準の適用の必要性

りに基づいて会計処理を行うことができ，そして，付与日現在で本源的価値を見積り，その後は見直さないこととされている（会計基準8号，par.13）。公正価値，本源的価値いずれの方法を用いるにせよ，未公開株式の価値評価が必要となる。しかしながら，前述したとおり，会計基準8号，適用指針11号において，未公開企業における自社の株式価値の評価方法について，例示として，当該株式を第三者に新規の発行する場合の価格を決定する際に用いる方法を挙げ合理的な評価方法である必要があるとするものの具体的な評価方法は定められていない（適用指針11号，par.60；設例6-3）。そこで，以下，金融商品会計基準，会社法及び相続税の基準により合理的な評価方法についての考察を行う。

2. 金融商品会計基準において

　金融商品会計基準においては，株式について市場で売買され，市場価格に基づく価額が存在しない場合のみ時価のある有価証券とされ，それ以外の場合時価を把握することが極めて困難な場合については時価のない有価証券とされ，取得原価で算定することとなっている（金融商品に関する会計基準，par.19(2)；金融商品に関する会計実務指針，pars.48，63）。したがって，会計基準8号における未公開株式の自社の株式評価においては，自社株の売買の実績があるときのみ，金融商品会計基準は「合理的な評価方法」の基準として適用できると思われる。

3. 財産基本通達におけるストック・オプションの評価において

　平成15年（2003年）6月に相続税・贈与税における財産評価基本通達が改正され以下のとおりストック・オプションの評価が新設された[5]。

5）　取引相場のない株式の評価について，法人税法も所得税法も一定の条件のもとに相続税の財産評価基本通達をベースにしているが，新設された「ストック・オプションの評価」は法人税法や所得税法におけるストック・オプション自体の価額についての準用規定は設けられていない（松田道春2003，p.31）。なお，ストック・オプションに関する法人税法及び所得税については，第6章第2節及び第3節参照。

87

ストック・オプションの評価

193-2　その目的たる株式が上場株式又は気配相場等のある株式であり，かつ，課税時期が権利行使可能期間内にあるストック・オプションの価額は，課税時期におけるその株式の価額から権利行使価額を控除した金額に，ストック・オプション1個の行使により取得することができる株式数を乗じて計算した金額（その金額が負数のときは0とする）によって評価する。

そして，上記，「財産評価基本通達」の公表と併せて，国税庁はホームページ上に「『財産評価基本通達の一部改正について』通達等のあらましについて（情報）」を公表し，その中で「非上場会社の発行するストック・オプションの価額については，その発行内容等（権利行使価額の決定方法や権利行使により取得する株式の譲渡方法を含む）を勘案し，個別に評価することとする」と述べるにとどまっている。

したがって，相続税においては，上場株式におけるストック・オプションの評価は課税時期における本源的評価となり，未公開会社における仔細は不明確である。未公開会社においては，ストック・オプションについての評価のみならず，本源的価値評価を適用するようになった場合の自社株式の評価方法は明確でなく，財産評価基本通達のストック・オプションの評価における規定を，適用指針11号における「合理的な評価方法」とすることはできない。

4. 未公開会社の株式時価評価

旧商法上では，未公開会社の株式評価に関する根拠条文は，商法204条の4第2項[6]で「…会社の資産状態その他一切の事情を斟酌することを要す」[7]との抽象規定のみである。したがって，裁判所の株価決定事例においても，

---

[6]　会社法では144条第3項に該当し，条文は「…会社の資産状態その他一切の事情を考慮しなければならない」となっている。

[7]　「一切の事情」の意味について緑川（2004, p.11）は上柳・鴻・竹内（1986, pp.112-116）を引用し，取捨選択があってはならないことを意味しておらず，評価を要する主体の決定が必要であること，指定買受人にとっての価値が無視されてよいということではないこと，株式の価値と無関係な要素を考慮してはならないことを挙げている。

第5章　未公開企業におけるストック・オプション会計基準の適用の必要性

商法上統一された評価理論がないために，主として相続税の財産評価基本通達をベースに評価し，それに多少の修正を加える方法が採用されていた（坪井1998, p.127）。

相続税の財産評価基本通達に拠れば，取引相場のない未公開株の評価額の算出法には，同じ業種の上場企業の株価をベースに計算する「類似業種比準方式」と企業の正味の資産から株価を割り出す「純資産価格方式」及び「配当還元方式」の3通りがある。会社の純資産額，従業員数，業種などで会社区分を決め，決められた会社区分によって，どの方式もしくは併用して株価を算出することになる（緑川2004, pp.88-92）。

江頭（2011, pp.14-19）に拠れば，取引相場のない株式等の評価に関して，上記の3通りを定めた相続税財産評価基本通達に影響を受けたもの[8]は古い裁判例とし，同通達は戦後はやい時期に骨組みが作られたもので，大量発生的事象を機械的に処理する目的のものに過ぎないとし，期待キャシュフローをリスクプレミアムが加味された割引率で除して求める方法によるべきとしている。

これら相続税法に基づく株式の時価評価は，ストック・オプションの会計の適用指針11号における合理的な評価方法の基準となりえる可能性はある。しかしながら，平成20年度（2008年度）の日本における総法人数は約260万社であり，そのうち資本金が1億円未満の企業は98.8%，欠損法人が71.5%となっている（国税庁2010, pp.6-7）。一般的に資本金が1億円未満の企業の大半は未公開企業と想定され[9]，これらの企業の多くも欠損法人ということになり，そもそも期待キャシュフローや「配当還元方式」などを使用した株価算定は困難な場合が多い。また，期待キャシュフローや「配当還元方式」などにより株価算定をしたとしても，株価はこれらの将来の予測要素による評価ということになり，予測要素の変化によって算定株価が影響を受けることになり，合理的といえるか否かの判断は難しいと考える。上場企業の

---

8) 江頭は，相続税財産評価基本通達によるこれらの評価はある程度恣意的でも画一的なルールに従いなされることが重要であるとする学説として浜田（1986, p.451）を挙げている。

9) 金原（2000, p.98）の集計によると，平成10年（1998年）末の店頭登録企業は855社であり，そのうち資本金1億円未満の企業数はゼロ。

株価をベースに計算する「類似業種批准方式」[10]と企業の正味の資産から株価を割り出す「純資産価格方式」[11]についても，算式の理論的根拠，類似業種の株価等の影響，資産評価が一部資産のみに限られているなどの問題点が指摘されている。そして，いずれの評価によっても，自社株価の算定という新たな負荷が毎期[12]生じることになる。

5. 企業会計基準第8号適用後の未公開株の評価の事例

連結子会社が付与したストック・オプションについても，会計基準で開示が求められるすべての項目について開示の対象となっており，費用計上が求められる[13]（適用指針11号，pars.35, 74）。すなわち，子会社の自社株式評価を子会社が未公開の場合求められることになる。

未公開企業がどのように自社株式を評価しているかを把握するために，公開企業のうち未公開の子会社においてストック・オプションを付与している事例を以下のとおり集計をした。本集計において対象とした事例は平成22年（2010年）3月31日現在のJストック銘柄70社[14]のうち平成20年（2008年）1月から12月までの決算期において，未公開の連結子会社においてストッ

---

10) 牧口・齋藤（2008, p.99）は，類似業種批准方式は画一的に算定ができるメリットはあるが，国税庁が類似する上場会社の標本を示していないこと及び算式の理論的根拠が明確でないとの問題点があるとの指摘をしている。また，川﨑（2006, pp.110-117）は，算定に用いる類似業種の株価の変動，類似業種の株価と評価会社の株価の変動に過去相関性が認められないこと，類似業種の配当金額，利益金額，純資産額の変動率の影響等を挙げ，類似業種批准方式の問題点を指摘している。

11) 安藤（1995, pp.25-26）は，清算時価純資産方式と再調達時価純資産方式では，評価替えがなされる資産が含み益の大きい土地や上場有価証券などの一部の資産であり，清算時価や再調達時価の本来の意味に立ち返れば，その他の資産や負債の再評価もしなければならないと問題点を指摘している。

12) 税制適格とする場合，付与した日の属する年の翌年1月31日までに必要な調書を税務署へ提出しなければならず（租税特別措置法第29条の2第16項），付与したときの株価算定は必要となるが，毎期，株価算定が求められることはない。

13) 持分法適用会社が付与したストック・オプションへは会計基準は適用されない（適用指針11号，par.74）。

14) 構成銘柄については，ジャスダックのホームページに掲載されている。http://www.jasdaq.co.jp/index.jsp。

第5章 未公開企業におけるストック・オプション会計基準の適用の必要性

ク・オプションが付与された企業5社である。なお，すべてが本源的価値はゼロであり費用計上はされていなかった。

　集計の結果は下記の図表5-1のとおりであり，評価方法はDCF方式等が3件，類似会社比準法1件，簿価純資産法，類似会社比準法，純資産法を併用している会社1件であり様々な結果となった。会計基準8号は未公開企業の自社株評価について「合理的な評価方法」としているが，前述したとおり，何を持って合理的とするかの例示として第三者に新規に株式を発行場合の決定方法を挙げるのみで，合理的ということについて詳しくはない。また，企業の発展段階に応じて，最も企業価値を表す評価方法へ変更しても良いとしているものの，その基準が示されていない。

　集計結果のとおり，さまざまな方法が用いられており，発展段階の基準や合理的な評価方法についての会計基準が定められていないので，各企業が用いた評価方法が，各企業の発展段階において合理的な評価方法であるのか否かの判断は難しい。評価方法の選択肢は幅広く，その分，企業の恣意が入りやすく個々の企業にとっては合理的であるとしても，会計情報の利用者にとっては複雑であり，未公開企業にストック・オプショの費用計上を求めるのなら，自社株式の評価方法をより明らかにすることが会計基準にとって合理的と考える。

図表5-1　Jストック銘柄の連結子会社における自社株評価方法

企業名（親会社名）	評価方法
㈱デジタルガレージ	類似会社比準法
SBSホールディングス㈱	DCF方式（平成17年の株式交換時のものを使用）
㈱オプト	DCF式
㈱ポラテクノ	DCF式
㈱インデックス・ホールディングス	簿価純資産法，類似会社比準法，純資産法等（連結対象の未公開会社ごとに相違）

第4節　会計目的の観点

　未公開企業における会計は，おもに公開企業に適用され投資家保護を主目的とする金融商品取引法[15]（金融商品取引法第1条）によらず，債権者保護を主目的[16]とする会社法によっている[17]。したがって，未公開企業におけるストック・オプションの費用計上の可否の検討においては，債権者保護に対する影響を勘案する必要がある。

　債権者保護における影響を勘案するにあたって，費用計上する場合と費用

---

[15]　「金融商品取引法に基づく会計の目的は，もっぱら投資者への情報提供」江頭（2011，p.545）とある。なお，金融商品取引法は，以前は「証券取引法」という名称であったが，平成18年（2006年）6月に「証券取引法等の一部を改正する法律」が成立したことにより，金融先物取引法などの金融商品に関する法律群をこの法律に統合し，それに伴い，名称が「金融商品取引法」に改題されることとなり平成19年（2007年）9月30日に施行された。

[16]　江頭（2011，p.541）は会社法における会計の目的として「会社債権者が債権回収の可能性を判断し，株主が将来のリターン・リスクを予測するなど，会社の利害関係者がそれぞれ意思決定を行う前提となる情報（会社情報）を会社から開示させる必要性（情報提供目的）」を挙げ，債権者保護について述べている。そして，もう1つの目的である配当可能利益の算定については「株主の有限責任の制度的裏付けである同人に対する剰余金の配当など財産分配の限定額（分配可能額）を定める手段として必要である」と記述されている。また，神田（2008，p.238）は株式会社の会計を会社法が規制する理由として，「『株主と会社債権者への情報提供』と『剰余金分配の規制』」の2つを同様に挙げており，「前者は，所有と経営の制度的分離を前提として，会社の状況（経営成績と財政状態）についての情報を株主に提供し，また，会社財産だけが引当てである会社債権者にも情報を提供することが目的」，「後者は，株主と会社債権者との利害調整のため剰余金配当などの剰余金分配を規制することが目的」としている。

[17]　公開会社や大会社（資本金5億円以上，又は，負債200億円以上（会社法2条6号））以外の会社においては，実務上，法人税法に基づく会計処理すなわち確定決算主義によっている（北川2003，p.10；神野2003，p.23；中村1997，p.125）。法人税法では，課税所得算定の前提となる，法人の費用・収益の額は「一般に公正妥当と認められる会計処理の基準」に従って計算されることを規定（法人税法22条）し，そして，法人は税務署長に対し，「確定した決算」に基づいた申告書を提出しなければならないことを規定（法人税法74条）し，すなわち確定決算主義が定められている。この確定決算主義について，武田（1966，p.65）は「税法の課税所得計算の商法決算に対する原則的依存関係を表現した思考」と述べている。また，江頭（2011，pp.546-547）に拠れば「法人の確定申告を『確定した決算』に基づき行うとは，会社法の定める手続きにより確定された損益計算書に基づき行うという意味である」と述べている。中村（2003，p.6）に拠れば「税務会計は商法会計を基礎にしている」ということである。

第5章　未公開企業におけるストック・オプション会計基準の適用の必要性

計上しない場合の会計処理上への影響の視点より考察をする。

① 費用計上時
（例1）公正価値で費用計上及び本源的価値がゼロでないときの費用計上
　株式報酬費用の発生により，当該決算期の最終利益が減少する。純資産の部は，新株予約権が増加し，最終利益により留保利益が同額減り，純資産の部においては新株予約権と留保利益が差し引きとなり変化はない。
（例2）費用計上しない場合及び本源的価値がゼロにより費用計上しない場合
　費用計上はなされない。費用計上をしないことで，企業に提供されたサービスを消費したことを会計上認識しないことにはなる。
（例1と例2の相違）
　例1と例2において純資産の額に相違はない。株主資本の額は例1が少ない。

② 行使時（新株を発行する場合）
（例1）公正価値で費用計上及び本源的価値がゼロでないときの費用計上
　新株予約権が減少し同額資本金が増加する。さらに現金払込分の資本金が増加する。したがって，純資産の部は現金払込分増加する。
（例2）費用計上しない場合及び本源的価値がゼロにより費用計上しない場合
　現金と資本金が増える。
（例1と例2の相違）
　例1と例2において純資産の額に相違はない。株主資本の額も相違はない。

③ 行使時（自己株式を処分する場合）
（例1）公正価値で費用計上及び本源的価値がゼロでないときの費用計上
　株式処分に伴う処分差益はないものと仮定した場合，新株予約権が減少し同額自己株式が減少する。さらに現金払込分の自己株式が減少する。純

資産の部は,現金払込分増加する。
(例2) 費用計上しない場合及び本源的価値がゼロにより費用計上しない場合

株式処分に伴う処分差益はないものと仮定した場合,現金が増え,自己株式が減少し,純資産が増加する。

(例1と例2の相違)

例1と例2において純資産の額に相違はない。株主資本の額も相違はない。

損益計算書への影響は,費用計上しなかった場合,企業に提供されたサービスを消費したことを会計上認識しないことになる。貸借対照表への影響は,自己資本を純資産全体とした場合,ストック・オプションを費用計上する,しないにかかわらず,自己資本の額は変化せず,自己資本を用いた財務分析の実務に用いられる数値,例えば自己資本比率の結果には差異は生じないことになる。純資産より新株予約権等を除いた株主資本のみを自己資本とした場合は,費用計上の有無により自己資本の額が相違することになる[18]。費用計上する場合において,費用計上時では株主資本すなわち自己資本が減ることにより,自己資本を用いた財務分析の実務に用いられる数値に変化が生じることになり,例えば,自己資本比率は悪化することになる。行使時においては,株主資本は,費用計上する,しないにかかわらず相違はない。

このように,費用計上をする場合において,株主資本のみを自己資本とすると,費用計上時において,利益が減少し,自己資本が減ることになる。しかしながら,ストック・オプションは,いずれは行使もしくは失効するものであり,費用計上に伴う利益の減少による自己資本の減少は一時的なもので

---

[18] 会社法において,「一株あたり純資産額」を注記しなければならないとされており(会社計算規則141条1項),この場合の純資産額は,新株予約権等を控除して計算することとされている(企業会計基準適用指針第4号「一株当たり当期純利益に関する会計基準の適用指針」,35項)。また,都市銀行,生命保険会社,格付機関など80社超が加盟する日本ローン債権市場協会は,平成19年(2007年)3月に,シンジケートローン契約の財務制限条項の「純資産維持条項」に関連して,会社法施行前の「資本の部」は「純資産の部の金額から新株予約権,少数株主持分及び繰延ヘッジ損益の各金額を控除した金額」と読み替えるとの指針を公表している。

あり，最終的には自己資本の額への影響はない。一時的に，自己資本の減少の情報が債権者に対して提供されるが，債権者は，自己資本の額の減少は一時的なものであるか否かは財務諸表や財務申告書等を通して判断することができ，債権者への情報提供といった観点から問題が生じる可能性は少ない。

上記のとおり，費用計上をする場合，費用計上時において，一時的に株主資本が減少することになり，分配可能額が一時的に減少することになる。すなわち，費用計上をしないと，その金額分[19]も分配が行われる可能性[20]があり，分配規制の面からは，ストック・オプションの費用計上の必要性はある。

第5節 公開準備企業

公開準備企業の利益情報は潜在的投資家にとって有用なものであり，投資家保護の観点より，公正価値評価による損益計算書への反映は重要なことであると考える。会計基準8号においては，公開準備企業について特筆をされていない。証券取引所や日本証券業協会内等の公開に関連する機関からも，公開準備企業へのストック・オプションの費用計上に伴う評価方法の詳細は公表されていない[21]。

しかしながら，公開準備企業は公開企業と同様に金融商品取引法に基づく

---

19) 課税法人の場合は，税率が反映された金額。
20) 配当可能利益について，野口（2008a, pp.38-39）は，「会社計算規則では，（中略）払込資本と留保利益の区別は徹底できていない。剰余金の配当の際に，その他資本剰余金とその他利益剰余金のどちらを財源に用いるかという点について会社の意思決定に委ねられているため（会社計算規則46条），払込資本の残高と留保利益の残高の関係を恣意的に操作することが可能となってしまっている」と指摘し「会社法上は，その他資本剰余金もその他利益剰余金も，分配可能額を構成する同じ剰余金である限り，そもそも使用する順序は問題にならない」，「配当が支払われた際に，その他資本剰余金とその他利益剰余金のいずれに借方記入すべきかは会計処理の問題である」と論じている。首藤（2008, pp.275-297）は，留保利益の額と比較して，見合わない多額の配当を実施している企業について，社債と国債のスプレッドと留保利益比率（留保利益／自己資本）の関連性が強くなるとの実証結果を提示し払込資本と留保利益の区別が重要であるとしている。
21) しかしながら，例えば国内における代表的取引所である東京証券取引所では，新規上場申請時のストック・オプションの継続所有等についての確約書の提出については定めている（有価証券上場規程施行規則第259条及び第260条）。

会計による有価証券報告書の作成が求められるので[22]，ストック・オプションについても公開企業同様に公正価値による費用計上が求められると考える。その場合，公正価値算出に使用するボラティリティの算出は困難であり，類似業種のボラティリティを使用するのか，ボラティリティをゼロとする最小価値法にするのか，もしくは例外的に公正価値評価を適用しないのかの検討がなされると考える。本源的価値評価を用いた場合，費用計上がされる場合はまれであり，公正価値評価，本源的価値評価のいずれでもストック・オプションを費用計上しなかった場合は，一切，損益計算書に反映されないことになる。しかし，その場合でも，公正価値評価による影響額が多大のときには，その影響額を織り込んだ形で公開価格が決定されれば良いのであり，また，目論見書にその影響額の開示がなされれば，投資家保護は担保されると考える。したがって，公開予定とはいえ，未公開企業が投資家保護を目的としてストック・オプションの費用計上を行う必要性は生じないと考える[23]。

第6節　結び

費用計上をしない場合，企業に提供されたサービスを消費したことを会計上認識しないことになり，その金額相当分も分配が行われる可能性があり，分配規制の面からは，ストック・オプションの費用計上の必要性はある。

一方，費用計上をする場合，前述のとおり，未公開企業において，本源的価値を用いストック・オプションの価値の測定を行うために自社株式の評価が必要であるが，自社株式の評価には，多くの未公開企業は赤字であることや株式評価に期待キャシュフローなどの予測要素が用いられることなど困難さや不確実さが伴う。そして，自社株式の価値評価等企業にとって新たなる

---

22) 有価証券の募集又は売出しについては金融商品取引法第4条，有価証券届出書の提出等については金融商品取引法第5条，第6条，第24条に定められている。また，東京証券取引所においては，新規上場のための有価証券報告書の提出については，有価証券上場規程第803条及び有価証券上場規程施行規則第204条に定められている。

23) なお，売出し前の公開価格決定のプロセスにおいて，費用計上の影響額が，実務上反映されているか否か定かではないが，既存ストック・オプション付与数による，公開後のストック・オプション保有者による売り圧力分を公募価格に反映をさせることは実務上可能と考える。

第5章　未公開企業におけるストック・オプション会計基準の適用の必要性

費用や作業の負担が生じることとなる。

　未公開企業における会計は，実務上，課税所得を算定することを目的とする法人税法の定める基準でこれまで行われてきた。投資家保護を会計の目的とする金融商品取引法の適用を受けない未公開会社の会計について，日本税理士会連合会，日本公認会計士協会，日本商工会議所，企業会計基準委員会より公開された「中小企業の会計に関する指針（以下中小指針）」[24]において，会計基準がなく，法人税法で定める処理に拠った結果が経済実態を概ね適正に表している場合は，法人税法による処理を会計処理に適用できるとされている（中小指針，par.7）。したがって，未公開企業においては，ストック・オプションの費用計上は，コストとベネフィットを勘案し法人税法による処理との差が発生しないようにすることが望ましいと考え[25]，会計上における費用計上について再考すべきと考える。

　公開準備企業においては，公正価値算出に使用するボラティリティの算出は困難であり，仮に本源的価値評価を用いた場合でも費用計上はほとんど行われないと考えられる。公正価値評価，本源的価値評価のいずれでもストック・オプションを費用計上しなかった場合は，一切，損益計算書に反映され

---

[24]　中小企業庁は平成14年（2002年）に「中小企業の会計に関する研究会」を主催し，「中小企業の会計に関する研究会報告書」を作成，公表した。その後，中小企業に関する会計基準等に関して，同年に日本税理士会連合会から「中小会社会計基準」，平成15年（2003年）に日本公認会計士協会から「中小会社の会計のあり方に関する研究報告」，平成17年（2005年）に日本税理士会連合会，日本公認会計士協会，日本商工会議所，企業会計基準委員会の民間4団体から「中小指針」が公表された（武田2006，p.14）。「中小指針」は，以降，毎年改正がなされ，平成23年（2011年）7月には平成23年版の公開草案が公表されている。平成24年（2012年）2月には，中小企業の会計に関する検討会より「中小企業の会計に関する基本要領（以下中小要領）」が公表された。「中小指針」に比べ簡便な会計処理をすることが適当と考えられる中小企業が利用することを想定して策定されたもの（中小要領，p.1）。中小企業の会計に関する検討会は，中小企業関係者，金融機関関係者，会計専門家，学識経験者で構成され中小企業庁及び金融庁が事務局を務める。

[25]　平成18年度（2006年度）の税制改正により，役務の提供に対して税制非適格ストック・オプションを付与した会社において，給与等課税事由が生じた日すなわちストック・オプションの権利行使日において税務上損金算入ができるようになった（改正法人税法第54条の1）ものの，損金算入額は会計上の費用計上額と一致することとなっており，会計上費用計上されなければ，税務上の処理も発生しない。

ないことになるが，公正価値評価による影響額が多大のときには，その影響額を織り込んだ形で公開価格が決定されれば良いのであり，また，目論見書にその影響額の開示がなされれば，投資家保護は担保されると考える。したがって，公開予定とはいえ，未公開企業が投資家保護を目的としてストック・オプションの費用計上を行う必要性は生じないと考える。

第III部

問題点の提起

第6章

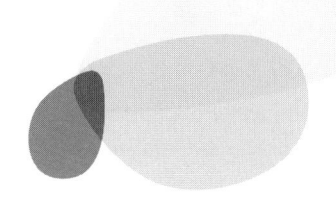

ストック・オプションにおける税効果会計の必要性

第1節　はじめに

わが国の会計基準上は，平成17年（2005年）12月会計基準8号及び適用指針11号が公表され，ストック・オプションを付与した会社において，原則，公正な評価額による費用計上が義務付けられ，会社法の施行日である平成18年（2006年）5月1日より適用されている。税務上は平成18年度（2006年度）の税制改正により，役務の提供に対して税制非適格ストック・オプションを付与した会社において，給与等課税事由が生じた日すなわちストック・オプションの権利行使日において税務上損金算入ができるようになった（改正法人税法第54条の1）[1]。

これらの法人税法や会計基準により，税制非適格ストック・オプションにおいては，税務上の損金算入と会計処理上の費用計上時期に相違が生じることになり，平成19年（2007年）3月に日本公認会計士協会によって「税効果会計に関するQ&A（以下 Q&A）」が改正[2]され，平成19年（2007年）3月

---

[1] 平成17年（2005年）12月の経済産業省「平成18年度税制改正について」において，ストック・オプション費用の損金算入等によるストック・オプション税制の整備の効果として，「ストック・オプション制度の拡充により，優秀な人材の確保を円滑化する」とされている（経済産業省 2005, p.11）。

[2] これは，平成11年（1999年）1月公表の「税効果会計に関するQ&A」と平成11年（1999）年5月公表の「中間財務諸表等における税効果会計の適用に関するQ&A」を統合したものに連結

期の決算期より税制非適格ストック・オプションにおいて税効果会計が適用されることになった。

本章においては，ストック・オプションの権利確定，権利行使において不確実な要素があることで繰延税金資産の回収可能性の判断の困難さが生じていることを指摘し，ストック・オプションに対する税効果会計の適用の見直しの必要性を述べる[3]。さらに，権利行使価額を1円とするストック・オプションについては，会社側において株式交付をした場合と経済的実態に差異が生じないにもかかわらず，税効果会計が適用され，費用計上の繰延がされることとなり，利益情報に整合性が消失する可能性を指摘する。これらに基づき，ストック・オプションに対する税効果会計の適用の見直しについて述べる。

第2節　ストック・オプションに関する所得税制の変遷

1. 平成7年の新規事業法に伴う平成8年度税制改正

(1) 新規事業法によるストック・オプション導入までの流れ

「わが国産業経済の今後の活力維持のためには新しい商品やサービスを提供していくような新規事業を活発に実施していくことが不可欠である」（通商産業省産業政策局産業資金課1997，p.14）との認識に基づき，平成元年（1989年）に「新規事業法」が施行された。

いわゆるバブル経済破綻後の1990年代中ごろには，新規事業育成をする上で，人材確保を円滑化するめに日本においても米国において活用されているストック・オプション制度を導入すべきとの要請が，政府，与党及び経済界において高まっていた（通商産業省産業政策局産業資金課1997，p.20）。

そして，平成7年（1995年）に「新規事業法」の一部改正を盛り込んだ，

財務諸表における税効果会計の取扱いを加え，新たに公表されたもの。

[3] ストック・オプションに関する税効果会計における繰延税金資産の回収可能性の判断について論じた先行研究は少ない。名越（1997, pp.57-65）は，1995年に公表されたFAS123までの米国におけるストック・オプションに関する税効果会計の変遷について論述をし，その中で，「会計上の（繰延税金）資産計上（括弧内筆者加筆）いかんによって，費用配分が同じにもかかわらず税効果会計が変化するのは問題かもしれない」としている。

第6章　ストック・オプションにおける税効果会計の必要性

「新たな事業活動の促進のための関係法律の整備に関する法律」が成立し，従来の商法では，新株の有利発行のための株主総会の特別決議の有効期間が6ヵ月間であったものを10年間とするなど商法に特則を設け（新規事業法第8条の5），新規事業法の認定業者であって株式会社である未公開企業を対象（新規事業法第8条の2）にストック・オプション制度が導入された[4]。翌年の平成8年（1996年）には，新規事業法の適用範囲に限ってストック・オプションに対する税法上の優遇措置がなされた。

(2) **新規事業法における税制**

新規事業法によるストック・オプション制度の魅力を高めるために，平成8年度（1996年度）の税制改正において，税制上の優遇措置が導入された。優遇措置の概要は以下のとおり。

・税制改正により，権利行使時には所得課税がなされず，株式の売却時においてのみ，新株の発行価額を取得価額として計算した所得について譲渡益課税（申告分離課税方式26％）が行われることになった。しかしながら，一般的に上場会社の株式を譲渡する場合に適用される源泉分離課税方式は適用されなかった（源泉分離課税方式の税率（1.05％）方が譲渡益課税方式の税率（26％）より低率となる）（租税特別措置法第37条の11，租税特別措置法第29条の2）。
・適用対象者は，新規事業法による認定会社の取締役又は使用人である個人及びそれらの相続人。ただし，次のものは除かれる。発行済株式の総数の3分の1を超える数の株式を所有する大口株主及び大口株主の配偶者や親族等（租税特別措置法第29条の2①，租税特別措置法施行令第19

---

[4] 法律上はじめて導入されたのは，「新たな事業活動の促進のための関係法律の整備に関する法律」によるものであったが，わが国の企業におけるストック・オプションの導入は，平成7年（1995年）3月のオーナー等保有株譲渡方式による擬似ストック・オプション及び同年9月の新株引受権付社債方式による擬似ストック・オプションに遡る。なお，昭和60年（1985年）ころには，外国法人より日本の子会社の役員や使用人へ付されたストック・オプションの所得区分について一時所得となるとの国税当局の見解が示されており（大渕2005, p.32），当時すでに外国法人より日本の子会社の役員や使用人へストック・オプションが付されていたと考えられる。

条の3①)。

・権利行使時非課税となるための要件としては，1）特別決議の日から2年以内は権利行使できない。2）権利行使に係る新株の発行価額の年間の合計額が500万円を超えないこと。3）権利の行使に係る新株の一株あたりの発行価額は，その認定会社の株式のその特別決議の時における一株あたりの価額（時価）相当額以上であること等（租税特別措置法施行令第19条の3②)。

なお，税制上の措置がない場合では，ストック・オプションの権利行使時において株式の時価と発行価額との差額分の利益に所得課税がなされ（所得税法第36条の2，所得税法施行令第84条の3），株式を売却した時点において，株式の譲渡価額と株式を取得した時点の株式の時価との差額分の利益に対して譲渡益課税がなされた（所得税法施行令第109条の2)。このような課税をされた場合には「①新株発行請求権を行使して株式を取得した時点において現金収入がないところへの課税となり納税資金捻出のため株式売却が強制されるおそれがあること，②その際に長年にわたる努力の成果の相当部分が徴税されること（所得税・住民税の最高税率は合計約65％)」（通商産業省

図表6-1

		平成7年 (新規事業法導入年度)		平成19年	
		％	所得(万円)	％	所得(万円)
所得税率		10	(～330)	5	(～195)
		20	(～900)	10	(～330)
		30	(～1,800)	20	(～695)
		40	(～3,000)	23	(～900)
		50	(3,000～)	33	(～1,800)
				40	(1,800～)
住民税の最高税率		15		10	
住民税と合わせた最高税率		65		50	

出所：財務省　所得税など（個人所得課税）に関する資料　所得税の税率構造の推移 http://www.mof.go.jp/jouhou/syuzei/siryou/035.htm より抜粋

第6章　ストック・オプションにおける税効果会計の必要性

産業政策局産業資金課1997, p.48）となり，ストック・オプション制度の普及の阻害要因となるおそれが指摘されていた。これらの点を踏まえ，税制上の優遇措置が行われたと考えられる。

当時の所得税・住民税の税率の詳細は以下のとおりである。

2. 平成9年の商法改正に伴う平成10年度税制改正

平成9年（1997年）5月に商法が改正され，新株引受権方式のストック・オプション（平成9年改正商法280条の19）が新設された。また，旧商法210条の2（使用人に譲渡するための自己株式の取得）も改正され，自己株式方式のストック・オプションも解禁となった。

このように，ストック・オプションの付与が商法改正により商法上行われるようになったことから，従来の新規事業法に基づくストック・オプションに認められていた特例制度が平成10年度（1998年度）の税制改正において改組された（租税特別措置法29条の2）。

新規事業法に基づく特例制度からのおもな改正内容は以下のとおり（租税特別措置法第29条の2①，租税特別措置法施行令第19条の3①，②）。

・税制優遇の適用対象はこれまでの新規事業法の認定会社に限らず，さらに，上場会社又は店頭売買登録銘柄として登録されている会社も適用対象となった。
・上場会社又は店頭売買登録銘柄として登録されている会社において適用対象外となる大口株主の規定は，発行済株式総数の10分の1超所有の個人やその親族などとされた。また，上場会社又は店頭売買登録銘柄として登録されている会社以外の会社において適用対象外となる大口株主の規定は，発行済株式総数の3分の1超所有の個人やその親族などとされた。
・権利行使時非課税となるための要件としては，権利行使に係る新株の発行価額の年間の合計額が1,000万円を超えないことと変更され，500万円より引き上げられた。

3. 平成13年の商法改正に伴う平成14年度の税制改正

平成13年（2001年）11月に商法が改正され，商法上のストック・オプション制度は「新株予約権」という新概念のもと，それまでの自己株式方式と新株引受権方式を統合した制度として再構築されることになった。そして，付与対象者の範囲，付与できるストック・オプションの数量制限，譲渡制限，権利行使期間の制限などが撤廃され，ストック・オプションの制度設計の自由度は高まった。ストック・オプションは税制適格要件等により以下の3つの様式がある。

(1) **税制適格ストック・オプション**

被付与者については，付与時非課税（所得税法施行令第84条），権利行使時非課税（租税特別措置法第29条の2），株式譲渡時に譲渡価格と権利行使価額（租税特別措置法施行令第19条の3第12項）の差額に対して株式の譲渡益として課税がされる（租税特別措置法37条の10）[5]。なお，上場株式の譲渡益に対しては平成20年（2008年）現在において10％（取得税7％，住民税3％）[6]の課税がされる。上記の商法改正に伴い，平成14年度（2002年度）

---

5) 税制適格以外のストック・オプションが付与時，行使時課税とならないケース：インボイスは平成16年（2004年）11月に，インボイスの全株主に対して1株につき1個の新株予約権をストック・オプションとして付与した。付与対象者が全株主であり，取締役や使用人以外にも付与されており，権利行使開始日が権利付与決定日（株主総会決議日）より2年以内であり，譲渡が制限されていないことから税制適格ストック・オプションには該当しなかった。このケースにおいて，ストック・オプションの権利付与時及び権利行使時の課税関係の有無について国税庁に照会が行われ，インボイスが発行したストック・オプションは権利付与時及び権利行使時には，課税関係は生ぜず，ストック・オプションを行使して取得した株式の市場での売却時に譲渡益に対して課税されるということであった。通常の税制非適格ストック・オプションに対する税務と違う理由については，権利付与時において，商法上の株主平等の原則に従って一律に付与するものであることから，会社から資産移転や既存株主間における経済的価値の移転は認められず，所得税法第36条に規定する「収入」の実現はなく，付与した時点では，課税関係は生じないとのとであった。権利行使時においては，株主に一律に付与するものであり，所得税法施行令第84条各号に掲げる「株式等を取得する権利」には該当せず，また，権利付与時の理由と同様に，所得税法第36条に規定する「収入」の実現でなく，行使した時点では課税関係は生じないとのことであった（東京国税庁ホームページ『譲渡制限のない新株予約権を株主等へ一律に付与する場合の所得税法上の取扱について』(www.tokyo.nta.go.jp/category/various/kaitou/30/shotoku/08/01.htm)）。

6) 平成21年（2009年）以降は，本則税率の20％（所得税15％，住民税5％）となる。ただし特例

第6章　ストック・オプションにおける税効果会計の必要性

の税制改正において，租税特別措置法上の優遇措置を満たすいわゆる税制適格ストック・オプションの適用要件として，以下の点がおもに変更された（租税特別措置法第29条の2①）。①これまでストック・オプションの発行会社の取締役・使用人が税制優遇の特例対象者であったが，新たに子会社等の取締役と使用人が加えられた[7]。②権利行使時に非課税となる年間の権利行使の合計額が従来の1000万円から1200万円となった。その他の適用要件として，③付与決議の日から2年間は権利行使できない。また，付与決議の日から10年以内しか権利行使できない。④権利行使価額は契約締結時の時価以上であること。⑤譲渡はできない。⑥発行価格は，商法第280条ノ21第1項の決議に基づき金銭の払込みをさせないで発行されなければならない（租税特別措置法施行令第19条の3第1項）。

(2) 税制非適格で譲渡不可能なストック・オプション

税制適格には該当しないが譲渡は禁止されており，権利行使によらなければ利益を享受できないストック・オプションにおいて，被付与者については，所得税法施行令第84条第3号の規定により，権利行使時に権利行使日における株式の時価から新株予約権の発行価額と権利行使時の払込価額との差額に対して課税される。所得区分については，所得税基本通達23～35共6により，発行法人の付与目的，被付与者との関係に応じて所得区分を判定することになるとされており，給与所得，雑所得，事業所得[8]に分けられる。なお，株

措置として，平成21年（2009年），平成22年（2010年）の2年間は，500万円以下の譲渡益及び100万円以下の配当等については，引き続き10％（住民税7％，所得税3％）の税率が適用される。

7) なお，平成18年度（2006年度）税制改正において，税制適格ストック・オプションの付与対象者に委員会設置会社における執行役が加えられることとなった。

8) 権利行使による課税区分が給与所得ではなく退職所得とされ被付与者の課税負担が軽減されたケース：伊藤園は平成16年（2004年）9月に権利価額1円，権利行使期間が退職の翌日より10日とするストック・オプションを発行し取締役に付与した。権利行使日が権利付与日から2年以内であり，行使価額が1円で契約時の時価を下回ることから税制非適格ストック・オプションであり，譲渡不可能であり，通常は権利行使時に課税される。所得区分は，給与所得，事業所得，雑所得のいずれか雇用関係や業務関係等との付与者と被付与者との関係性により決められる。この権利行使益の所得区分に関して国税庁に事前照会が行われ，回答によると，権利行使益は退職所

107

式譲渡時に譲渡価格と権利行使価額（租税特別措置法施行令第19条の3第12項）の差額に対して株式の譲渡益として課税される（租税特別措置法37条の10）。

(3) 税制非適格で譲渡可能なストック・オプション

税制適格には該当せず，譲渡が禁止されていないストック・オプションについては，所得税法第36条2項及び所得税基本通達36-36により，権利付与時に付与時の価額と発行価額との差額に対して課税される。権利行使時には課税されず，株式譲渡時に譲渡価格と取得価額（租税特別措置法施行令第19条の3第12項）との差額に対して株式の譲渡益として課税される（租税特別措置法37条の10）。なお，譲渡した株式の取得価額は取得価額と権利行使価額の合計額（所得税基本通達48-6の2）。

第3節 ストック・オプションの税効果会計に関連する法人税制及び会計基準

1. 平成18年度法人税制改正

平成18年度（2006年度）法人税制改正により，「新株予約権を対価とする費用等」[9]が創設され役務の提供に対して付与された税制非適格ストック・

得として課税されるとのこと。理由として，退職した場合に限り権利行使を認めることとしていることなど，退職に基因して権利行使が可能となっていると認められる場合には給与の一種であるが，退職により一時に受けるものということになるため退職所得として課税されるとのことである（東京国税庁ホームページ www.tokyo.nta.go.jp/category/various/kaitou/30/shotoku/07/02.htm）。所得区分が給与所得であれば，収入金額から給与所得控除を差引いた金額が課税対象であり，一方，退職所得であれば，収入金額から退職所得控除額を差引いた金額の2分の1の所得が課税対象であり，通常，退職所得の方が，給与所得と比べ相当税負担が軽減されることになる。

[9] 三上，坂本（2006, pp.33-34）に拠れば，法人課税上の「別段の定め」がない限り，損金算入は公正処理基準（一般に公正妥当と認められる会計処理の基準）によるものであり，ストック・オプションの損金算入は，会計基準上付与日から権利確定日までの期間費用計上されることになったので，「別段の定め」がないと会計基準と同様に処理されることとなる。しかし，所得税上の課税時期が権利行使時等まで繰り延べられるので，損金算入を仮に会計基準と同様にすると，損金算入が先行することになるので，法人の損金算入時期を繰り延べる「別段の定め」とし

第6章 ストック・オプションにおける税効果会計の必要性

オプションは付与した会社において損金算入できるようになった。損金算入ができる時期は，個人においてその役務の提供につき，その個人の給与所得等の所得の金額を生ずべき事由（給与等課税事由）が生じた日（法人税法第54条の1）[10]である。すなわち権利行使日である。損金算入できる金額は，ストック・オプションの発行時の価額に相当する金額（法人税法施行令第111条の2③）であり，会計上の費用計上額と一致することとなる[11]。ストック・オプションの税務上の処理の詳細について述べる前に，損金算入額が一致することになる会計上の費用計上の処理の概要について以下記述をする。

2. 会計上の費用計上

平成17年（2005年）12月会計基準8号及び適用指針11号が公表され，原則，公正な評価額による費用計上が義務付けられ，会社法の施行日である平成18年（2006年）5月1日より適用されている。会計基準8号における「適用」の定義に拠れば，税制適格のストック・オプションであるか否かは適用の範囲の基準とはされておらず[12]，税制適格・非適格のストック・オプションともに同基準の適用範囲となる。この基準に基づくストック・オプションの会計上の主な処理は以下のとおりとなる。

(1) 付与日における公正な評価単価[13]とストック・オプション数により，

て「新株予約権を対価とする費用等」が置かれたとしている。
10) 給与所得等とは，給与所得，事業所得，退職所得及び雑所得である（法人税法施行令111条の2①）。
11) 法人税制上損金算入がされる金額は，ストック・オプションを行使したものが，行使時の株式の時価と払込金額との差額に課される所得税法上の課税額とは一致しないこととなる（財務省大臣官房文書課2006, p.348）。
12) 会計基準8号par.3に拠れば，同基準の適用範囲は，(1)企業がその従業員等に対しストック・オプションを付与する取引 (2)企業が財貨又はサービスの取得において，対価として自社株式オプションを付与する取引であって，(1)以外のもの (3)企業が財貨又はサービスの取得において，対価として自社の株式を交付する取引。なお(2)又は(3)に該当する取引であっても，企業結合に係る会計基準等他の会計基準の範囲に含まれる取引については，本会計基準は適用されないとされている。
13) 公正な評価単価の算定技法として，ブラック・ショールズ式等が考えられるとされている（会計基準8号，par.48）。また，未公開企業については，ストック・オプションの算定時点にお

公正な評価額を算定する。ストック・オプション数は，権利不確定による失効の見積数を控除し，確定日には権利確定数と一致させる。そして，公正な評価額を，ストック・オプションと対価関係にあるサービスの提供期間である対象勤務期間（付与日から権利確定日までの期間）[14]，借方に費用を計上する。貸方は，付与日以降権利の行使又は権利確定後の失効までの間，純資産の部に新株予約権として計上する（会計基準8号，pars.4-7，適用指針11号，par.17)[15]。

(2) 権利確定後，権利行使され新株発行がされた場合は，付与後，新株予約権として計上した額を払込資本に振り替える（会計基準8号，par.8)。

(3) 権利不行使による失効が生じた場合には，新株予約権として計上した額のうち，当該失効に対応する部分を利益として計上する（会計基準8号，par.9)[16]。

3. 税務上の損金算入

ストック・オプションの会計上の費用計上時，申告調整において該当する金額を損金不算入とする。権利行使時における申告調整では，税制非適格と

ける，ストック・オプションの原資産である自社の株式の評価額と行使価格との差額による本源的価値を認めるとしている（会計基準8号，par.63)

14) 対象勤務期間は付与日から権利確定日までの期間であり，権利確定日は次のように判定する。権利確定条件が付されている場合には，勤務条件を満たし権利が確定する日。勤務条件は明示されていないが，権利行使期間の開始日が明示されているなど実質的に勤務条件が付されているとみなす場合は勤務条件を満たした日が権利確定日。条件の達成に要する期間が固定的でない権利確定条件が付されている場合は権利確定日として合理的に予測される日が権利確定日（適用指針11号，pars.17, 51)。なお，権利確定条件が付されていない場合（すなわち，付与日にすでに権利が確定している場合）には，対象勤務期間がなく，付与日に一時に費用計上をする（適用指針11号，par.18)。また，条件の達成に要する期間が固定的でない権利確定条件として株価条件が付されている等，権利確定日を合理的に予測することが困難なため，予測を行わないときには，対象勤務期間はないものとみなし，付与日に一時に費用計上する（適用指針11号，pars.18, 56)。

15) 新株予約権には「経済的資源を放棄もしくは引き渡す義務」がないので負債ではなく純資産の部に表示されるものの，株主資本とは区別される（会計基準8号，par.41)。

16) 脚注14)のとおり，新株予約権は負債ではない純資産に位置付けられており，この権利不行使による失効の仕訳について，「損益計算の観点からすれば，これは新株予約権を従来通り負債と扱っているのと同じである」との指摘が野口（2006b, p.63）によりなされている。

第6章 ストック・オプションにおける税効果会計の必要性

税制適格とは別の処理となり，税制非適格は費用計上時に損金不算入とした金額を認容する。税制適格は，税制非適格と同様に費用計上時に損金不算入とした金額を認容すると同時に同額を新たに損金不算入とする。結果として，税制適格においては，損金算入がされないことになる[17]。概要は以下のとおりである。

(1) ストック・オプションの付与時

役務の提供に係る費用の額は，その新株予約権の発行の時の価額に相当する金額とされており（法人税法施行令第111条の2③），会計上の付与日のストック・オプションの公正な評価単価と付与したストック・オプション数に基づいて算出された額を，付与時の申告調整では「別表5(1)利益積立金額の計算に関する明細書」において，前払費用及び新株予約権を当期の増として処理する。

(2) 役務提供時

会計上費用計上がされた金額を「別表4　所得の金額の計算に関する明細書」において役員給与等の損金不算入として，加算・留保の処理をする。そして，同額を「別表5　利益積立金額の計算に関する明細書」において，付与時において当期の増として処理した新株予約権より，当期の減として処理をする。なお，会計上，費用計上される各期間において同様の処理を行う。

(3) 権利行使時

税制非適格ストック・オプションと税制適格ストック・オプションは，法人税上の処理が一部違ったものとなる。両ストック・オプションに共通する税務上の処理として，役務提供時において役員給与等の損金不算入として加算・留保の処理してきた累計額を「別表4　所得の金額の計算に関する明細書」において役員給与等の認容として，減算・留保する。そして，

---

[17] 会計上の処理に対応するストック・オプションの税務上の処理については財務省の広報活動の一環として大臣官房総務課編集のもと財団法人大蔵財務協会より発行されている『ファイナンス別冊平成18年税制改正の解説』において財務省主税局税制第三課より「(参考) 新株予約権の会計・税務処理」が記載をされている（財務省大臣官房文書課2006, p.349）。

同額を「別表5　利益積立金額の計算に関する明細書」において，付与時の前払費用を当期の減として処理する。この処理により，ストック・オプションは税務上損金処理がなされることになる。税制適格ストック・オプションの場合は，さらに，前述の役員給与等の認容として減算・留保した額と同額を「別表4　所得の金額の計算に関する明細書」において，役員給与等の損金不算入として加算・流出の処理を行う。結果，税制適格のストック・オプションにおいては損金算入処理がなされず，税制非適格のストック・オプションは損金算入処理がなされることになる。

(4)　権利確定前失効時

付与時に「別表5(1)　利益積立金額の計算に関する明細書」において，前払費用及び新株予約権を当期の増として処理したものを，前払費用及び新株予約権を当期の減として戻し処理をする。なお，前述の4(1)②のとおり会計上は，権利確定日までの会計期間における費用計上額算定におけるストック・オプション数は，権利不確定による失効の見積数を控除する（会計基準8号，par.7(1)）としており，権利確定前の失効の反映は，費用計上に伴う会計処理において処理されることになる。

(5)　権利確定後失効時

役務提供時において役員給与等の損金不算入として加算・留保の処理してきた累計額を「別表4　所得の金額の計算に関する明細書」において新株予約権消滅益の益金不算入として，減算・留保する。そして，同額を「別表5　利益積立金額の計算に関する明細書」において，付与時の前払費用を当期の減として処理する。なお，前述のとおり会計上は，権利確定後，権利不行使による失効が生じた場合には，新株予約権として計上した額のうち，当該失効に対応する部分を利益として計上する（会計基準8号，par.9）。会計上は付与時以降の役務提供時においてストック・オプションと報酬関係にあるサービスの提供期間である対象勤務期間（付与日から権利確定日までの期間）において費用計上をしているが，同期間，税務上は，役員給与等の損金不算入とし加算・留保をし，損金不算入となっているので，権利不行使に伴い会計上において利益計上される額は，税務上においては益金不算入となる。

第6章　ストック・オプションにおける税効果会計の必要性

第4節　ストック・オプションにおける税効果会計の基準

1．日本における税効果会計基準

　平成9年（1997年）の企業会計審議会の「連結財務諸表制度の見直しに関する意見書」の公表により，従来，日本において任意適用であった税効果会計が原則適用されることになった。同年改訂された「連結財務諸表原則（以下連結原則）」及び平成10年（1998年）の「税効果会計に係る会計基準の設定に関する意見書（以下税効果意見書）」においては，一時差異に係る税金の額の期間配分，一時差異の定義，繰延税金資産又は負債の計上，繰延税金資産の資産性，又は負債の負債性が定められた（中田1999，pp.29-30，新日本監査法人2002，p.16)[18]。

　税効果意見書における「税効果に係る会計基準注解（以下注解）」では「繰延税金資産は，将来減算一時差異が解消されるときに課税所得を減少させ，税金負担額を軽減することができると認められる範囲内で計上するものとし，その範囲を超える額については控除しなければならない」（注解5）とされている。そして，繰延税金資産の回収可能性については，平成10年（1998年）に日本公認会計士協会より「個別財務諸表における税効果会計に関する実務指針（以下実務指針）」が公表されており，同指針21項において，回収可能性の判断要件として，(1)収益力に基づく課税所得の十分性　(2)タックスプランニングの存在　(3)将来加算一時差異の十分性が挙げられている。また，企業会計審議会より公表されている平成9年（1997年）改訂の「連結原則」において「繰延税金資産については，将来の回収の見込みについて毎期見直しを行わなければならない（第四の七の3注解16の1）」とされている。平成11年（1999年）には「監査委員会報告第66号繰延税金資産の回収可能性の判断に関する監査上の取扱い（以下報告第66号）」が公表され，繰延税金資産の回収可能性の判断に関し留意すべき事項が示された[19]。

---

18)　齋藤真哉（1999，p.220）に拠れば，「連結財務諸表原則」「税効果会計基準」において税効果会計の基本的処理プロセスが示さているが，「税効果の認識対象となる一時差異等の範囲については言及していない」とされている。

回収可能性の判断要件の1つである「スケジューリングが不能な一時差異に係る繰延税金資産の回収可能性に関する判断指針」(報告第66号4-2)においては「一時差異について，期末に，将来の一定の事実の発生が見込めないこと又は会社による将来の一定の行為の実施についての意思決定又は実施計画等が存在しないことにより，税務上損金（略）の要件を充足することが見込めない場合には，当該一時差異は，税務上の損金（略）算入時期が明確でないため，スケジューリングが不能な一時差異となる」として，繰延税金資産の計上ができないものとされている。ただし，「過去の損金算入実績に将来の合理的な予測を加味した方法等により，合理的にスケジューリングが行われている限り，スケジューリング不能な一時差異と取り扱わない」(報告第66号4-2) としている。

2. ストック・オプションに関する税効果会計

平成17年（2005年）12月に公表された，会計基準8号及び適用指針11号においては，ストック・オプションの税効果会計基準に関する規定及び記述はない。その後，平成19年（2007年）3月日本公認会計士協会より「Q&A」[20]が公表され，平成18年度（2006年度）法人税制改正による「新株予約権を対価とする費用等」の創設が反映され，税制非適格ストック・オプションについて，従業員等の個人が給与所得者等として課税されるときは，給与等課税事由が生じた日に法人は，当該役務提供に係る費用の額が損金に算入され，付与日において将来減算差異に該当し，税効果会計の対象となるとされた。税制適格は，法人税制上損金算入がされず，将来減算一時差異が発生せず，税効果会計の対象とはされなかった（日本公認会計協会2007, Ⅰ.Q2(2)）。適用時期については，平成19年（2007年）3月29日以後，終了する会計年度

---

19) 繰延税金資産の回収可能性の判断において監査上留意すべき事項として，繰延税金資産の回収可能性に関する監査上の基本的な考え方，繰延税金資産の回収可能性に関する手順，スケジューリングが不能な一時差異に係る繰延税金資産の回収可能性に関する判断指針，将来年度の課税所得の見積額による繰延税金資産の回収可能性の判断指針，タックスプランニングの実現可能性に関する判断指針，重要性の乏しい連結子会社等における繰延税金資産の回収可能性の判断指針が示されている。

20) この公表により，平成11年（1999年）公表の「税効果会計に関するQ&A」等が廃止された。

第6章　ストック・オプションにおける税効果会計の必要性

からの適用となった。しかしながら，「Q&A」において，ストック・オプションに関する税効果会計について，具体的な会計処理等が例示されていない。

3. 米国会計基準におけるストック・オプションの税効果会計

米国においてストック・オプションは非適格ストック・オプション（Non-qualified stock options（NQSOs））と奨励型ストック・オプション（Incentive stock options（ISOs））とに分けられる。ISOsにおいては，被付与者は行使時の課税が免除され，権利行使により取得した株式を売却したときにキャピタル・ゲイン課税がなされ，NQSOsにおいては，被付与者は行使時に課税がなされ，付与者である法人は税務上損金算入ができる（Kieso, Weygandt, and Warfield 2004, pp. 804-805）。1992年2月，FASBよりFAS109が公表され，ストック・オプションを含む株式による従業員報酬制度について，税務上，損金算入ができる金額は法人所得税規則において明らかにされていることが述べられており，損金算入できる金額は，ストック・オプションの行使時におけるいわゆる本源的価値部分である（FAS123R, par.58; FAS109, par. 143; Internal Revenue Code Section 421-423, 83）。

会計上は，FASBより2004年12月に公表されたFAS123Rに基づき，付与日に公正価値評価がされ権利確定までの役務提供期間にわたり費用計上される（FAS123R, pars. 7, 16）。したがって，会計上は，公正価値評価によって費用計上がなされ，税務上と評価時期及び評価方法が異なることで，会計上の費用計上額と税務上の損金算入額が相違することになる。なお，未公開会社においては，会計上，期末時ごとに再測定をする本源的価値評価による費用計上も選択することができる（FASB 123R, par. 25）とされており，本源的価値による評価という点においては税務上と同じであるが，評価時期が会計上と税務上で相違するため，未公開会社においても会計上の費用計上額と税務上の損金算入額が相違することになる。

FAS109により，将来の損金算入額をもたらす株式に基づく報酬に関して認識した報酬コストの累積額は，減算一時的差異と考えなければならないとされている（FAS123R, par. 59）。そして，同109は，繰延税金資産が実現しない可能性が高い場合には，評価性引当金によって減額をすることを規定し

ている（FAS123R, par. 61）。税金控除の金額が会計上費用計上された合計額を上回る場合，超過控除に対する税効果は追加払込資本として認識をし（FAS123R, par. 62），税金控除額が会計上費用計上された合計額を下回る場合，費用計上をする。ただし，これまで株式報酬取引に関する追加払込資本が残高としてある場合は，追加払込資本より控除する（FAS123R, par. 63）とされている。

4. 国際財務報告基準におけるストック・オプションの税効果会計

2004年2月に，国際会計基準審議会よりIFRS2が公表され，2005年1月より適用がされている。IFRS2においては，一般的なストック・オプションにおいては，公開会社，未公開会社ともに付与日に公正価値評価がされ，権利確定までの役務提供期間にわたり費用計上をすることが義務付けられている。

株式報酬取引から生じる費用が損金算入できるか，会計上の費用と税務上の損金額が同じとなるか，費用計上時期と損金算入時期が同じ時期に発生するかどうかは，国によって異なることとなる（IFRS2BC 2004, par. BC311）。会計上の費用計上時期と税務上の損金算入時期が相違する場合は，将来減算一時差異もしくは将来加算一時差異が発生することとなり，その場合は，IAS12号に基づき，繰延税金資産もしくは繰延税金負債を計上することになるとされている（IFRS2BC 2004, pars. BC313-314）。会計上の価値評価方法と税務上の価値評価方法や会計上の測定日と税務上の測定日が相違する場合損金算入額と会計上の費用計上額が相違することになる。税金控除の金額が会計上費用計上された合計額を上回る場合，超過控除に対する税効果は資本に直接計上すべきとしている（IFRS2BC 2004, par. BC326）。これは米国の基準と同様である。一方，税金控除額が会計上費用計上された合計額を下回る場合費用計上し，当期の損益として認識をする（IFRS2BC 2004, par. BC326）。これは，株式報酬取引に関する追加払込資本が残高としてある場合，追加資本より控除することを認めた米国会計基準と相違する。税務上の損金と会計上の費用額の相違に伴う税効果会計の処理について，相違が発生する理由（会計上と税務上の費用の測定日の相違や費用の評価方法の相違）

にかかわらず適用されるべきとしている。しかしながら，様々な国々における税務を考慮した上での税効果会計の適用はあまりにも複雑としている（IFRS2BC 2004, par. BC328）。

5. 米国会計基準と国際財務報告基準の相違

米国会計基準では，ストック・オプションの税効果会計において，繰延税金資産を累積した費用を基準に測定している（IFRS2BC 2004, par. BC325）。つまり，繰延税金資産には，過去の時点でのストック・オプションの評価の要素つまり過去の株価の要素が含まれている。しかしながら，国際財務報告基準では，将来一時差異における繰延税金資産の測定を規定する IAS 第12号9項に基づきストック・オプションの税効果会計においても，株価の変動が将来の税金控除額に影響を与える時には，将来の予測税金控除の見積りは，現在の株価を基に行うべきとし，期末時における本源的価値を基礎とすべきとしている（IFRS2BC 2004, par. BC324; Appendix C, Example 5）。そして，累積した費用を基にする米国会計基準では，繰延税金資産の過小評価や過大評価が発生する可能性が高くなることが指摘されている（IFRS2BC 2004, par. BC325）。また，アウト・オブ・ザ・マネー[21]の状態であり，繰延税金資産が回収される可能性が低い場合でも，米国会計基準では，引き続き繰延税金資産を計上し続けることになることが指摘され，このような状態は，IAS12や IFRS の資産の定義等とは不整合であるとしている（IFRS2BC 2004, par. BC325）。

第5節 権利確定，権利行使における不確実性に伴う問題

前述のとおり日本においても平成19年（2007年）3月日本公認会計士協会より「Q&A」が公表され，税制非適格ストック・オプションに係る費用に

---

[21] ストック・オプションの場合においては，株価が権利行使価格を下回っておりオプション行使時に損失が出る状態。逆に株価が権利行使価格を上回っておりオプション行使時に利益が出る状態は，「イン・ザ・マネー」，株価が権利行使価格と同じでありオプション行使時に利益がゼロの状態は「アット・ザ・マネー」という。

ついて，将来減算一時差異に該当し税効果会計の対象となることになり，平成19年度（2007年）3月期以降，適用されることになった。しかしながら，ストック・オプションに対する税効果会計の適用において，詳細な実務指針等は公表されておらず，会計処理や繰延税金資産等の扱いについても明示がされていない。したがって，税制非適格ストック・オプションに関する税効果会計については，「Q&A」のほかに前述の「注解」，「実務指針」，「報告第66号」，「連結原則」等に基づくことになるが，税制非適格ストック・オプションを税効果会計の対象とするには以下の問題点があると考える。

1. 税制非適格ストック・オプションへの税効果会計適用による会計処理

税制非適格ストック・オプションを税効果会計の対象とする問題点について考察を行うにあたり，税効果会計を適用した場合の会計処理を示すと以下のとおりとなる。

【設 例】

株式報酬費用を100，税率を40％，繰延税金資産計上の条件を満たしていると仮定[22]。

付与時
（借） 株 式 報 酬 費 用　100　　（貸） 新 株 予 約 権　100
（借） 繰 延 税 金 資 産　 40　　（貸） 法人税等調整額　 40

権利行使時　（税効果会計に関する部分のみの記載）
（借） 法人税等調整額　 40　　（貸） 繰 延 税 金 資 産　 40

このように税制非適格ストック・オプションに税効果会計が適用されると，付与時において借方に繰延税金資産，貸方に法人税等調整額が計上され，権

---

22) 税効果会計に係る仕訳処理については，新日本監査法人（2002, pp.66-69）を参考としている。

利行使時すなわち税務上の損金算入時に，借方に法人税等調整額，貸方に繰延税金資産が計上される。したがって，税効果会計を適用しない場合に比べて，付与時の決算期においては，当期利益の額が増えることになり，権利行使時の決算期においては当期利益の額が減ることになる。そして，株式報酬費用の額によっては，法人税等調整額が当期利益へ与える影響が大きなものとなり，また，その影響は権利行使可能期間によっては複数年度にまたがることになる。

　税効果会計は，企業会計上の利益（税引前当期純利益）と法人税等（住民税・事業税を含む利益に課せられる税金）を合理的に対応させるために行う調整手続きであり，その手続きにより当期純利益を収益力の指標にしようとする（中村2005a，p.151，p.259）ものであり，税効果会計の適用の有無は重要な意味を持つ。

2．繰延税金資産の回収可能性

　平成14年度（2002年度）の法人税制改正では，退職給与引当金制度が廃止され，「基本的に従業員の退職時に損金算入すること（齋藤真哉2003，p.34）」になり，会計上と「長期的にわたって解消しない一時差異（齋藤真哉2003，p.36）」が生じ，退職給付に関して税効果会計が適用されることになった。齋藤真哉（2003，pp.35-37）は，退職給付に関する長期的差異に係る繰延税金資産に関し，将来の予測税率や将来の課税所得の要素を挙げ「将来の予測要素により大きく影響を受ける性質を持つことになる」と指摘し，会計上の退職給付債務の計算において予測要素が大きく介入することを挙げ，将来の税金支払い額を減少させるか否かの判断は極めて困難であると回収可能性の問題を指摘している。

　税効果会計の一時差異の配分方法には，全面的配分方法と部分的配分方法があり[23]，日本の会計基準は「全面的配分方法によっている（新日本監査法

23）　全面的配分方法とは，一時差異等のすべてに対して税効果会計を適用しなければならないとするものであり，部分的配分方法とは，一部の一時差異等を税効果会計の対象から除外するものであるとされている。そして，除外するものとして，反復的差異（長期的に繰り返し反復的に生じる差異）があり，さらに反復的差異だけでなく，長期的に解消しないと予測される差異等があ

人2002, p.14)」とされている。齋藤は退職給与など将来の予測要素が大きく介入することによる繰延税金資産の回収可能性の問題を取り除くためには,「税効果の認識から除外する部分的適用が望まれる(齋藤真哉2003, p.37)」と提案をしている[24]。

ストック・オプションに税効果会計を適用する場合も,退職給付に関する長期的差異に係る繰延税金資産に関する将来の予測税率や将来の課税所得の要素と同様に,権利確定,権利行使の時期の見込みにおいて将来の予測要素が必要である。「注解」に基づくと「将来減算一時差異が解消されるときに課税所得を減少」させることが繰延税金資産の条件である。将来,権利が確定し行使され,また,行使される時期を見込めると仮定すれば,会計上の費用計上額と税務上の損金算入額が同額になることによって,一時差異が解消され,また,損金算入が行われることで,課税所得が十分あれば課税所得が減少する。すなわち,権利確定,行使時期を見込めることでスケジューリング不能な一時差異とはならず,そのとき課税所得が減少することを見込めれば繰延税金資産の回収の可能性があり,繰延税金資産の計上ができる[25]。しかしながら,権利確定,権利行使時期の予測は難しく,以下,それらの予測要素及び回収可能性の判断の困難さを考察する。

3. 権利確定前のストック・オプション

「Q&A」に拠れば,「税制非適格ストック・オプションについては,従業員等の個人が給与所得として課税されるときは,給与等課税事由が生じた日(権利行使日)に,法人において,当該役務提供に係る費用の額が損金に算

るとされている(新日本監査法人2002, p.13)。

24) 衣川 (2007, pp.117-118) は,非減価償却資産である土地への税効果会計について,売却見込年度が確定していない場合すなわち税務上の損金算入年度が確定しない例を出し,その場合,将来減算一時差異とは認識せず,永久差異に準ずる長期的差異と解釈される可能性が高いとしている。また,売却見込年度すなわち税務上の損金算入年度が確定していない場合についての,税効果会計の明確な基準と指針は存在しないと述べている。

25) ストック・オプションが失効しても一時差異は解消されることになるが,その場合は損金算入がなさず(法人税法第54条の3),「将来減算一時差異が解消されるときに課税所得を減少」させることにはならず,失効が見込まれるときは,繰延税金資産の回収可能性はなく資産計上は容認されないことになる。

第6章　ストック・オプションにおける税効果会計の必要性

入されますので（法人税法第54条の1），ストック・オプションの付与時
・・・・
（傍点―筆者）において将来減算一時差異に該当し，税効果会計の対象とな
ります」とある[26]。

　しかしながら，ストック・オプションと報酬関係にあるサービスの提供期
間である対象勤務期間（付与日から権利確定日までの期間）における勤務条
件等の権利確定日を判定する条件が付されているストック・オプションの場
合，付与日において権利は確定しておらず，したがって，付与日において，
将来，ストック・オプションが権利確定するか否か定かでない。権利不確定
による失効では，会計上の費用が見積りの見直しとして処理され[27]，権利確
定がしていないストック・オプションの場合，付与日以降，決算期ごとに見
積りの見直しが反映され，当該決算期までに提供されたサービスが費用計上
される。費用計上の合計額は権利確定まで判明しないこととなる[28]。権利確

---

[26]　「当該役務提供に係る費用の額（傍点―筆者）が損金に算入されますので（法人税法第54条の
　　1）」との記述があるが，引用がされている法人税法第54条の1は，損金として認識すべき時期
　　についての規定であり，算入する損金の額の規定ではなく損金の額に算入できるかどうかは，役
　　員給与不算入制度（法人税法34条）等の各制度の規定によるとされており（財務省大臣官房文書
　　課2006，p.346），ストック・オプションの費用計上額に拠っては，役員や特殊関係使用人に給
　　　　　　　　　　　　　　　　　　　　　　　　　　　　　　　　　　　　　　・・
　　与や退職給与として付された税制非適格ストック・オプションの場合は，権利行使がされても，
　　不相当高額部分は損金算入ができず永久差異が生じる。「Q&A」等において，ストック・オプシ
　　ョンに関する税効果会計の対象について，より仔細な記述が必要である。なお，特殊関係使用人
　　とは，(イ)役員の親族，(ロ)役員と事実上婚姻関係と同様の関係にある者，(ハ)(イ)及び(ロ)以外の者で
　　役員から生計の支援を受けているもの，(ニ)(ロ)及び(ハ)の者と生計を一にするこれらの者の親族
　　（法人税法施行令第72条の3）。

[27]　権利不確定による失効数の見積りは，「最善の見積り」を行うことが原則であり，「十分な信
　　頼性をもってストック・オプションの失効数を見積もることができない場合には見積りを行うべ
　　きではない」とされ，「見積りを行った場合には，その見積り方法を注記」するようにと定めて
　　いる（会計基準8号，par.52）。

[28]　費用の「認識」について，中村（2005b，p.72）は「企業会計においては，財貨又は役務の
　　消費という事実にもとづいて，その対価の支払の有無にかかわらず，消費された部分を費用とし
　　て認識するのである」としている。金額の決定は「測定」としている。したがって，権利確定前
　　のストック・オプションも，役務の費消という事実が生じており，失効の見積りが生じることで
　　金額は決定してはいないが，失効の「最善の見積り」を反映して費用を認識し計上しなければな
　　らないと考える。また，蔦村（1991，p.319）に拠れば，賞与引当金や退職給与引当金に伴う費
　　用計上について，当該賞与や退職金は支払時点まで金額が確定していないが，労働用役の費消事
　　実は生じており，発生・未確定の費用とみるのが現実的であるとされている。権利確定条件のあ

定前のストック・オプションは，見積りで費用計上がされるものの，税務上では，ストック・オプション保有者に対する債務が確定しておらず[29]，権利行使により給与課税事由が生じた日に損金算入できるとされており，付与日において，将来，損金となるか判らない。

4. 権利確定後のストック・オプション

　権利が確定しているストック・オプションでも，権利行使期間に行使されるか否か不確実であり，どの年度に行使されるかも不確実である。権利確定後の権利不行使による失効では，会計上は新株予約権戻入益が計上され，税務上は権利行使がされないので給与等課税事由が生じず，損金算入がされず[30]，付与日において将来，損金となるか否か定まっていない。また，ストック・オプションの権利行使期間は，複数の年度にわたるものが多く，どの年度で権利行使するか否かは付与された従業員の意思により決まるものであり，また，行使にあたっては将来の株価という極めて不確実な要素の影響が想定される。

　ストック・オプションの権利行使の見込みの判断基準は現行の会計基準では明示されていない。ストック・オプションの権利行使の見込みの判断基準として，仮に，前述の国際財務報告基準と同じく本源的価値を基準に用いるとする[31]。ストック・オプションは経営・勤労のインセンティブであり付与日においては，権利行使価格が株価を上回っている状態すなわちアウト・オブ・ザ・マネーの状態で付与されるのが一般的である。アウト・オブ・ザ・

　　るストック・オプションの場合，ストック・オプションの付与はすでにされているが，権利確定時まで金額が確定しておらず，権利確定時が実質的な労働サービスに対する価額確定時点となると考える。したがって，権利確定前のストック・オプションも，賞与引当金や退職給与引当金に伴う費用計上と同様に金額が確定はしていないが労働用役の費消は現実に生じており，費用計上することは相当であると考える。

29)　役務提供完了時すなわち権利確定時が，税務上，原則としての損金算入時とされている（財務省大臣官房文書課2006, p.344）。
30)　権利確定後の失効では株式報酬費用に対応する金額が新株予約権戻入益として計上され，その収益の額は，税務上株式報酬費用が損金の額に算入されていないので，益金不算入となる（法人税法第54条の3）。
31)　米国会計基準では，付与時の公正価値を用いるとしている（FAS123R, par. B219）。

第6章 ストック・オプションにおける税効果会計の必要性

マネーの状態の時は，イン・ザ・マネーの状態の時より，保有者が権利行使をする見込み，すなわち損金算入される可能性が低く繰延税金資産が回収される可能性は低く，イン・ザ・マネーの状態の時より繰延税金資産を計上するのは困難と考えるのが自然である[32]。それは付与時以後の期末時においても同様である[33]。しかしながら，仮にイン・ザ・マネーの状態にある場合でも，権利行使可能年度が複数年度にまたがることで，損金算入時期を確定することは困難である。

なお，多くのストック・オプションの権利行使期間がおおよそ6年度と複数年度にまたがっており[34]，損金算入年度を予測するのが難しく，さらに税効果会計が適用される期間に該当する付与から権利満期日までの期間は，多くのストック・オプションが平均5年を超えており，なかには30年というものもある[35]。退職給付と同じく長期的な将来減算一時差異に該当するとは言えないものの[36]，将来の税金支払額を減少させるか否かの判断は極めて困難であり回収可能性の判断に問題が生じると思われる。

---

32) 田中（2005, p.36）の調査によると，2004年9月現在において，それまでに付与された商法上のストック・オプションより，権利行使期間を終えた分等を除いた1,842件のうち，2003年9月から2004年9月に権利行使期間が該当するものは1,576件あり，その期間中の4半期ごとに「イン・ザ・マネー」の状態にあるものは以下のとおり（2004年9月末55.2%，2004年6月末60.1%，2004年3月末52.3%，2003年12月末38.8%，2003年9月末36.9%）。
33)「連結原則」の「繰延税金資産については，将来の回収の見込みについて毎期見直しを行わなければならない（第四の七の3注解16の1）」とされており，ストック・オプションの税効果会計においても毎期末になんらかの回収の見込みの見直しが行われると考えられる。
34) 大和証券SMBCによると，ストック・オプションが日本において導入された1996年度から2006年度の年度途中までの日本における導入企業数は1,998社であり，のべ件数は4,484件であり，権利行使期間の平均は4.98年である（大和証券SMBC 2007, p.1）。すなわち，年度途中より権利行使期間が始まるとすれば，権利行使可能期間は平均でおおよそ6年度にまたがることになる。
35) 田中（2005, pp.13-17）の調査によると，1997年度から2004年度の年度途中（2004年8月31日）までに発行されたストック・オプションの件数は3,142件である。そのうち各種データがそろっている1,722件をサンプリングし分析の結果，権利付与時から権利行使満期日までの期間の平均値は5.85年，中央値は5.00年であり，最大値は30年となっている。
36)「Q&A」，「注解」，「実務指針」，「報告第66号」，「連結原則」において「長期」とは何年以上が該当するのかの規定はない。「報告第66号」の「5(2) 将来解消見込年度が長期にわたる将来減算一時差異の取扱い」等において，合理的な見積り可能期間とされる期間が5年とされている。

5. 将来の不確実性による税効果会計の適用除外

前述のとおり「スケジューリングが不能な一時差異に係る繰延税金資産の回収可能性に関する判断指針」（報告第66号4-2）において「一時差異について，期末に，将来の一定の事実の発生が見込めないこと（略）により，税務上損金（略）の要件を充足することが見込めない場合には，当該一時差異は，税務上の損金（略）算入時期が明確でないため，スケジューリングが不能な一時差異となる」とされ，繰延税金資産の計上ができないものとされている。権利確定前や権利確定後で権利行使までのストック・オプションは，ストック・オプションの付与日の期末において，将来，権利確定し，いつ権利行使されるかどうかは不確かであり，「期末に，将来の一定の事実の発生が見込めないこと」（報告第66号4-2）と考えられ，税制適格ストック・オプションに関する一時差異に基づき繰延税金資産を計上すべきではなく，税効果会計から除外すべきと考える。

第6節　1円ストック・オプションが付与時に損金算入されないことに派生する問題

役員退職金制度の廃止に併せて，権利行使価額を1円とするストック・オプションを付与する事例が増えている[37]。権利行使価格が1円のストック・オプションは被付与者が株式を取得するために負担する金額は1円で資金負担がほぼ皆無である。また，権利行使価額が1円であり，権利行使期間までに倒産等がない限り確実に権利行使がされるものと考えることができる。被付与者にとってみれば，1円ストック・オプションのように権利行使が概ねされるストック・オプションは，権利行使をするか否かという選択肢としての「オプション」としての実態はない。権利行使期間が付与側の会社によっ

---

37) 平成19年（2007年）5月15日の読売新聞に拠れば，野村総合研究所が東証1・2部企業に行った調査に回答した256社の41％にあたる106社が平成18年（2006年）9月時点で役員退職金を廃止している。廃止にあわせて権利行使価格を1円とした株式報酬型ストックオプション（新株予約権）を導入する企業も多く，米人事コンサルティング会社タワーズペリンなどの調査によると，平成18年（2006年）6月までに「1円オプション」を導入した上場企業は前年より28社増えて92社となったと報じている。

第6章 ストック・オプションにおける税効果会計の必要性

て決められていることで権利行使の開始期間までと同じ時期までの譲渡制限付きの自己株式を交付された場合と1円ストック・オプションを付与された場合とでは，株式として売却できる時期に差異は生じないことになる[38]。付与者である会社は，サービスの対価として1円ストック・オプションを付与しても自社株式を付与しても同額費用計上が求められることになる（会計基準8号，pars.15，26）。税務上では，会社は，サービスの対価として自社株式を付与した場合はその期に損金算入がなされることになり，会計上と税務上の間に一時差異が生じず，税効果会計が適用されることはない。一方，1円ストック・オプションを付与した場合は，権利行使時まで損金算入がされないことで，将来減算一時差異に該当し，繰延税金資産が計上され，繰延税金資産等調整額が利益として計上されることになる。税務上の損金算入時期が，自己株式交付と1円ストック・オプションで相違し，1円ストック・オプションにおいては一時差異が生じ，税効果会計が適用されることになっている。1円ストック・オプションにおいて，税務上の基準は，経済的実態面よりストック・オプションという金融商品上の形式に拠っている。

1円ストック・オプションを利用することで，自社株式の交付においては適用されない税効果会計が適用されることになり，サービスの対価として株式交付を支給した時に比べてストック・オプションを付与した時は，実効税率を40％とすると付与をした期の費用計上額を40％減らすことができ利益の額に差異が生じることになる。そして，操作可能な権利行使時の決算時期まで費用計上を繰り延べることも可能になる。

税効果会計が，企業会計上の利益（税引前当期純利益）と法人税等（住民税・事業税を含む利益に課せられる税金）を合理的に対応させるために行う調整手続きであり，その手続きにより当期純利益を収益力の指標にしようとする（中村2005a，p.151，p.259）ものであるにもかかわらず，サービスの

---

[38] 被付与者にとっては，サービスの対価として1円ストック・オプションを付与された場合と自社株式を交付された場合とを比べると所得税の課税対象時期及び課税対象金額に相違が生じる。自社株式を交付された場合は，サービスの対価すなわち交付された時点の株価が所得となるのに対し，1円ストック・オプションを付与された場合は，権利行使時に株価と1円の差額が所得税の課税対象額となる。

対価として自社株式を交付した時には適用されない税効果会計が1円ストック・オプションにおいて適用されることで，付与をした期の費用計上額を減らすことができ利益の額に差異が生じることになり，費用計上時期を繰り延べることも可能になり「収益力の指標」が揺らぐことになる。これは，同様な金融商品に対する税務上の処理の相違により発生することであり，一義的には税務上の処理の問題ではあるが，税効果会計を適用することで，結果として，会計上の数値に影響を与えている。

第7節　結　び

上記のとおり，現行の「Q&A」においては，税制非適格ストック・オプションのストック・オプションに係る費用について，付与時において将来減算一時差異に該当するとし税効果会計の対象となるとしている。しかしながら，ストック・オプションの権利確定，権利行使において，税効果会計を適用するには多くの不確実な要素があり，特に，権利確定後から権利行使されるまでの期間は多くの場合決算期で6年度にまたがり長く[39]，権利行使により，税務上において損金算入されるか否かの予想はし難く，回収可能性の判断において困難さが生じている。したがって，税効果会計の適用にあたっては「期末に，将来の一定の事実の発生が見込めないこと」（報告第66号4-2）となる可能性が生じており，税制非適格ストック・オプションに税効果会計を適用することを再考すべきと考える。一方で，税効果会計を適用し，繰延税金資産を計上，その後，繰延税金資産が回収可能性の判断手順に基づき回収可能性がないと判断された場合，評価性引当金を計上する会計処理も考えられ得る。しかしながら，前述のとおり損金算入されるか否かが不確実な状況においては，決算期ごとに評価性引当金を計上する必要性が生じ，業務が煩雑となり，やはり，税効果会計の適用は行うべきではないと考える。

退職金の代わりに多く付与されている1円ストック・オプションについては，会社側において株式交付をした場合と経済的実態に差異が生じないにも

---

[39]　本章脚注34）参照。

第6章 ストック・オプションにおける税効果会計の必要性

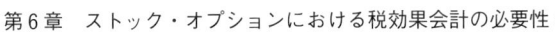

かかわらず,税務上の損金算入時期が相違することで税効果会計が適用され,費用計上の繰延がされ,税効果会計の目的である当期純利益を収益力の指標とすることにおける利益情報に整合性が消失する可能性が生じる。これらを踏まえ,ストック・オプションにおける税効果会計の適用について再考する必要がある[40]。

---

[40] 損金算入について,三上,坂本(2006, p.35)より,「本来,役員等に対して報酬債権を付与した時点で,当該報酬相当額を損金算入できるはず」,また,原(2006, p.51)より「ストック・オプションを役務提供の対価として損金性を認識したのであれば(略)被付与者の役務の提供に係る費用の額は,その役務の提供を受けた事業年度の損金の額に算入すべき」との指摘がされている。財務省主税局税制第三課より,役務提供完了時に損金算入すると,損金算入が先行して課税の遅延になるとの主張がされているが(財務省大臣官房文書課2006, p.348),仮に三上,坂本や原の指摘のとおり,損金算入の時期については役務提供を受けた事業年度とすると,会計上の費用計上時と税務上の損金算入時期が同時期となり,将来減算一時差異は発生せず,税効果会計の処理の必要は生じない。税効果会計について,醍醐(2004, pp.11-12)より,繰延税金資産計上による税引前後の利益の矯正額より繰延税金資産に係る評価性引当金の変動による税引前後の利益の変化のほうが利益に対する影響が大きくなっており,「人為の所産といえる税効果(一時差異)の発生を縮小・排除することこそ,繰延税金資産の回収可能性にまつわる問題を根本的に解決する途」との指摘がなされている。

第7章

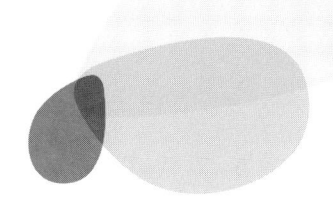

新株予約権仮勘定の必要性

第1節　はじめに

　日本国内においては，ストック・オプションに対する包括的な会計基準がなく，長い間，費用計上が求められてこなかったが，平成17年（2005年）12月会計基準8号及び適用指針11号が公表され，原則，公正な評価額による費用計上が義務付けられ，会社法の施行日である平成18年（2006年）5月1日より適用されている。

　米国においては，1940年代にすでにストック・オプションに対する会計基準が公表されていたが，長い間，本源的価値法[1]による測定が許容され，ストック・オプションの付与に伴う費用計上がほとんど行われてこなかった（Robinson and Burton 2004, 97）。2004年12月，FASBより123Rが公表され，原則，公正価値法に基づく費用計上が求められることになった。日本基準，米国基準に先立ち2004年2月，IASBより，IFRS2が公表されており，ストック・オプションの会計基準においてもいわゆる国際的コンバージェンスが図られることとなった（FASB 2004c, Q22）。

　本章では，会計基準における，権利確定以前のストック・オプションの認

---

[1]　ストック・オプションの算定時点における，ストック・オプションの原資産である自社の株式の評価額と行使価格のとの差額を用いて会計処理する方法。

識について考察する。次に，公正な評価額によるストック・オプションの費用計上において国際的コンバージェンスが図られたものの，日本基準と米国基準，国際基準において一部相違があり，そのうち日本基準における権利不行使による失効の仕訳では利益が計上されることとなっているので[2]，その利益の意味について考察を行う。

第2節　ストック・オプションの仕訳

1. 会計基準の設定までの経緯

わが国におけるストック・オプションの導入は，平成7年（1995年）3月のオーナー等保有株譲渡方式による擬似ストック・オプション及び同年9月の新株引受権付社債方式による擬似ストック・オプションに遡る。法律上はじめて導入されたのは，平成7年（1995年）11月の新規事業法の改正によるものであった。その後，平成9年（1997年）の5月の商法改正により，自己株式方式と新株引受権方式の2つの制度が導入され，平成13年（2001年）11月の商法改正により，2つの制度が統合され新株予約権として再構築をされた（前田2003, p.616）。

米国においては，1948年にAIAの一機構である会計手続委員会（Committee on Accounting Procedure）よりストック・オプションに対する会計基準ARB37が公表された。1953年にはARB37が修正され，さらにそれまでの基準を再公表する形でARB43が公表され，費用計上をしない場合，利益は過大計上されるとの問題点がすでに指摘されていた（ARB43, Chapter13 Section B par. 1）。また，具体的な公正価値評価は困難とされ（ARB43, Chapter13 Section B par. 12），本源的価値評価が支持されていた。

1972年に会計原則審議会（Accounting Principles Board）によりAPB25が公表され，引き続き本源的価値評価が適用された。通常の固定型ストック・オプションはほとんど費用計上されない一方，変動型ストック・オプシ

---

[2] 野口（2006b, p.65）に拠れば，平成11年（1999年）から平成17年（2005年）までの有価証券報告書における新株引受権・新株予約権の戻入益計上企業数は，累計で200社を超えている。また，「戻入益の恩恵により赤字決算を回避できたところもあった」との指摘がされている。

第 7 章　新株予約権仮勘定の必要性

ョンについては行使価格の変動に伴い費用計上が求められることがあった。固定型，変動型ともに従業員や会社が受ける便益は同じでも，費用の測定方法に伴う会計処理の違いにより利益に違いが生じ，利益情報の有用性が批判されていた（Rouse and Barton 1993, p. 67）。

　1980年代初頭からストック・オプションの会計基準の見直しがAICPAの会計基準執行委員会（Accounting Standards Executive Committee），証券取引委員会（The Securities and Exchange Commission），大手会計事務所等により始められた（FAS123, par. 5）。1993年のFAS123公開草案において公正価値評価が求められたものの，産業界の反対により1995年のFAS123においては，引き続き本源的価値評価による測定も認められた。例えば，Robinson and Burton（2004, p. 97）によると，2002年7月まではFortune 500の内BoeingとWinn-Dixieを除き，引き続き本源的価値評価による測定を行っていた。その後，FASBは2004年12月にFAS123Rを定め，原則，公正価値に基づく費用計上が求められることになり（FAS123R, par. 1; ASC718-10-10-2），2005年6月より適用されている（FAS123R, par. 69）。

　国際財務報告基準については，2000年に国際証券監督者機構（International Organization of Securities Commissions）が同機構の国際財務報告基準に関する報告書の中で，株式報酬の会計処理について，IASCは検討すべきと提唱をしていた（IFRS2BC 2004, par. BC3）。同年7月にはIASCとG4+1[3]より，ディスカッションペーパーが公表された（IFRS2BC 2004, par. BC4）。2001年7月IASBは株式報酬に係るIFRSを開発するプロジェクトを開始し，ディスカッションペーパーに対するコメントを求めた（IFRS2BC 2004, par. BC6）。2002年11月の公開草案の後，2004年2月にIFRS2が公表され，2005年1月以降より適用されている（IFRS2, par. 60）。

2. 発行から行使までの仕訳

　会計基準8号に拠れば，付与されたストック・オプションの公正な評価額は，付与日の公正な評価単価と付与されたストック・オプション数から権利

---

[3]　G4+1のディスカションペーパーについては，第1章補論2を参照。

131

不確定による失効の見積数を控除した数の見積りを乗じて算定される。借方は，付与日の公正な評価額に基づき取得するサービスに応じて費用認識をする。一般的なストック・オプションの場合，費用認識期間は，ストック・オプション付与日から権利確定日の会計期間となる。なお，権利確定日には見積数と権利確定数を一致させる。貸方は，権利行使まで純資産の一項目である新株予約権とされる（会計基準 8 号，pars.4-7）。日本基準では，新株予約権には「経済的資源を放棄もしくは引き渡す義務」がないので負債ではなく純資産の部に表示されるものの，株主資本とは区別されるのに対し（会計基準 8 号，par.41），米国基準，国際基準では，「経済的便益の犠牲」がないので負債でなく株主持分とされている。わが国でも，権利行使日において，権利行使による払込金分とともにこれまで計上されたストック・オプションに相当する額が株主資本として表示される（会計基準 8 号，par.8）。

権利確定日前の権利不確定による失効の会計上の扱いは，見積数の修正としており，会計上は費用計上額を通して損益計算書のみに反映される。権利確定後の不行使による失効の仕訳では，新株予約権として計上した額を利益に振り替える（会計基準 8 号，par.9）。米国基準，国際基準においては，前述のとおり費用計上時より貸方は株主持分であり，権利確定後の不行使による失効が生じても利益は計上されない。日本基準における新株予約権は負債ではない純資産に位置付けられているが，権利確定後の不行使による失効の仕訳では利益が計上され損益計算書で認識をすることになっている。この点について，「損益計算の観点からすれば，これは新株予約権を従来通り負債と扱っているのと同じである」との指摘が野口（2006b, p.63）によりなされている。権利確定後の不行使による失効の処理については，本章第 4 節において述べる。

3. 取引要素の結合関係

わが国の簿記の教科書では，一般的に取引の 8 要素の結合関係の図が示さている（大藪1978, p.30；中村2008, p.21；沼田1983, p.43；森川1985, p.26）。費用の発生と資本の増加，収益の発生と資本の減少，費用の発生と収益の発生の 3 つの組み合わせは実際には存在せず，線を引かないとされて

きた（中村2005a, p.24）。2005年12月に公表された会計基準5号において は従来の資本の部が純資産の部とされ，純資産の部は株主資本及び株主資本 以外の項目とされた。結合関係においては，純資産の部全体を従来の取引要 素の資本とするか，もしくは，株主資本を取引要素の資本とし株主資本以外 の項目は8要素には含まれないものとするかということになる。

　純資産の部全体を従来の取引要素の資本とすると，従来の取引要素の結合 関係において結びつく取引はないとされていた費用の増加と資本の増加の結 びつきがストック・オプションの費用計上時に生じることになる。また，資 本の減少と収益の増加の結びつきも，日本基準で権利不行使による失効を処 理した場合には生じることになる[4]。線を引かないとされてきた取引要素の 結合関係の見直しが求められるか，取引要素の結合関係を所与とした場合， ストック・オプションの会計処理において何らかの擬制取引がなされている と考えるのが整合的である。

　株主資本以外の項目を新しい要素とすると，ストック・オプションの費用 を計上した場合には，費用の増加と株主資本以外の項目の増加が結ばれ，日 本基準で権利不行使による失効を処理した場合には，株主資本以外の項目の 減少と収益の増加が結ばれる。新しい取引の結合関係が起こることになるか， 純資産の部全体を従来の取引要素の資本に分類した時と同様，ストック・オ プションの会計処理において何らかの擬制取引がなされていると考えること ができる。

　次節において，先行研究である原（2003, pp.91-98）を参考にしながら， 最新の会計基準を分析対象として，費用認識時の擬制取引について考察を行 う。

---

[4] 取引要素の結合関係とストック・オプションの会計処理との関係を指摘した研究として（原 2003, p.91）がある。

第3節 権利確定日までの不確実性

1．費用認識の考え方

　ストック・オプションの会計基準において，権利確定日まで借方は費用として認識をする。各基準における費用認識の根拠は，企業が従業員より受け取ったサービスを消費しているという考え方にある（会計基準8号，pars. 35-39; FAS123R, pars. 5-6; IFRS2BC 2004, pars. BC45-BC52）。サービスの消費という考え方は，日本基準，米国基準，国際基準ともに同じであるが，米国基準，国際基準では，サービスを受領したときサービスは資産を構成し，その資産を消費しているという考え方が前提としてある。

　財務会計諸概念に関するステートメントSFAC6の資産の定義において，サービスは蓄えることができず提供を受けると同時に消費されるが，その一瞬の間資産となるとされており（SFAC6, par. 31），また，FAS123Rにおけるストック・オプションの費用認識における資産の消費についてもこの考え方を踏襲している（FAS123R, par. 5）。IFRS2においては，フレームワークの資産の定義に言及し，資産は貸借対照表上で資産として認識される資源に限らないとしており，ストック・オプションの費用認識において，資産の償却がされているとしている（IFRS2BC 2004, pars. BC45-50）。

　日本基準において費用認識の根拠に資産の消費という考えは明確でなく，帰属した貯蓄性のないサービスを消費したという考えに立っており（会計基準8号，pars.35-39）[5]，サービスが貸借対照表上での資産の認識とは別に瞬時といえ資産を構成するという立場ではない。しかしながら，平成16年（2004年）7月に，企業会計基準委員会より公表された討議資料『財務会計の概念フレームワーク』[6]の『財務諸表の構成要素』4項における資産の定

---

[5] 現物出資や受贈の償却資産と同様，対価として会社財産の流出がないとは述べられているが，サービスの受領に伴う瞬時の資産性を認識はしていない。

[6] 平成18年（2006年）12月に一部修正され，あらたに討議資料『財務会計の概念フレームワーク』が公表されている。資産の定義に大きな変化はない。米山（2007, p.33）は『『討議資料』の内容それ自体が大きく変質したわけではない」と述べている。詳しくは，第4章脚注4)参照。

義では「資産とは，過去の取引又は事象の結果として，報告主体が支配している経済的資源，又はその同等物をいう」とある。そして，脚注で「支配とは，所有権の有無にかかわらず，報告主体が経済的資源を利用し，そこから生み出される便益を享受できる状態」，「経済的資源とは，キャッシュの獲得に貢献する便益の集合体」，「同等物とは典型的には，将来において支配する可能性のある経済的資源をいう」とあり，この定義は齋藤真哉（2005，p.59）に拠れば，海外の概念フレームワークと同様である。したがって，日本の会計基準が討議資料『財務会計の概念フレームワーク』に依拠すれば，「受領したサービスが瞬時に資産を形成する」旨を解釈することはできるようである。

資産の定義が海外の概念フレームワークと同様であるとされるものの，討議資料『財務会計の概念フレームワーク』における上記のような資産の定義の文面からは，サービスが貸借対照表上での資産の認識とは別に瞬時といえ資産を構成するということを読み取るのは困難である。日本においても概念フレームワーク上において，資産の定義をより仔細に明文化することが望ましく，現状のような曖昧な表現とするべきではないと考える。

米国基準，国際基準に拠った場合，費用認識時に都度，以下の仕訳が同時に擬制されていると考えることができる。

（借）　サービス受領［資産］　　（貸）　払込資本金―ストック・オプション
（借）　支払報酬　　　　　　　　（貸）　サービス受領［資産］

上記の考えに立てば，費用計上時の会計処理は「資産の増加―資本の増加」，「費用の発生―資産の減少」であり，これまでの簿記の取引要素の結合関係の範囲内であり整合的である。

日本のストック・オプションの会計基準においても，貸借対照表における表記上の「資産」のほか，概念としての資産にサービス受領を，討議資料『財務会計の概念フレームワーク』に基づき位置付け，新株予約権勘定の性格をこれまでの取引要素の資本に分類すると，費用計上においてこれまでの取引要素の結合関係の原則と整合的となる。

新株予約権勘定の性格を従来の取引要素の 8 要素に含まれない新しい取引要素である株主資本以外の項目としても，以下の仕訳が同時に擬制され，サービス受領とともに資産が瞬時に形成されると考えることができる。

(借) サービス受領［資産］　　(貸) 新株予約権―ストック・オプション
(借) 支払報酬　　　　　　　　(貸) サービス受領［資産］

2. 費用認識から権利確定日までの貸方

借方に費用を計上する期間は，ストック・オプションが報酬とされている権利確定までの期間である（適用指針11号, par.17）。この期間におけるストック・オプションの金融商品としての性格は，「ストック・オプションと報酬関係にあるサービスの提供期間である対象勤務期間（付与日から権利確定日までの期間）[7]にサービスと引換えに従業員等に報酬として付与されたもので，権利確定条件を満たした場合，権利行使にあたり払い込むべきものと定められた金額で株式を取得できることになるもの」（会計基準8号, par.2(1)-(11)）である。したがって，ストック・オプション保有者は勤務対象期間を終える日において，企業へのサービスの提供義務から解放されており，その後の企業との関係に変化が生じていることになる[8]。

対象勤務期間があるストック・オプションの場合，サービスの提供の完了

---

[7] 対象勤務期間は付与日から権利確定日までの期間であり，権利確定日は次のように判定する。権利確定条件が付されている場合には，勤務条件を満たし権利が確定する日。勤務条件は明示されていないが，権利行使期間の開始日が明示されているなど実質的に勤務条件が付されているとみなす場合は勤務条件を満たした日が権利確定日。条件の達成に要する期間が固定的でない権利確定条件が付されている場合は権利確定日として合理的に予測される日が権利確定日（適用指針11号 pars.17, 51）。なお，権利確定条件が付されていない場合（すなわち，付与日にすでに権利が確定している場合）には，対象勤務期間がなく，付与日に一時に費用計上をする（適用指針11号 par.18）。また，条件の達成に要する期間が固定的でない権利確定条件として株価条件が付されている等，権利確定日を合理的に予測することが困難なため，予測を行わないときには，対象勤務期間はないものとみなし，付与日に一時に費用計上する（適用指針11号 pars.18, 56）。

[8] 対象勤務期間がない場合は，ストック・オプション保有者は付与日において権利確定のための企業へのサービスの提供義務はなく，したがって，付与日以降ストック・オプション保有者と企業との関係がサービスの提供に関して変化するものではない。

第 7 章　新株予約権仮勘定の必要性

により権利が確定し，ストック・オプション保有者は企業へのサービスの提供義務から解放され，企業とストック・オプション保有者の関係に変化が生じているが，貸方は，権利確定日の前後とも変わらず新株予約権として計上している[9]。これは，日本基準，米国基準，国際基準とも同様である。権利確定日の前と後では，ストック・オプションの失効にかかわる会計処理に相違があり，権利確定という事象を失効の会計処理上では反映させ認識をしているといえる。権利確定を失効にかかわる会計処理では反映させているにもかかわらず，権利確定日において，権利確定という事象を貸方において認識していない。

　権利行使された場合は，新株予約権が株式となる。新株予約権保有者，企業，既存株主の三者の関係は変わり，会計上もその変化を認識する。権利行使の前後での金融商品の性格の変化，当事者間における関係の変化を貸借対照表上で認識している。

　対象勤務期間があるストック・オプションの場合，権利が確定する前後においても，企業とストック・オプション保有者の関係の変化，失効に伴う会計処理との整合性により，負債，純資産，株主資本の概念に基づきストック・オプションの相違を貸方にて認識すべきである。その上で権利が確定する前後で勘定上の表記をどのように区別すべきかどうかを検討する必要がある[10]。

　ストック・オプションの権利確定のための勤務条件には一定の未達成がある。そして，権利確定を左右する主体は発行企業ではない。このような点を考慮に入れると権利確定前のストック・オプションは，条件が整った場合に会社への求償権が確立する偶発債務という考えのうち「偶発」部分に対して近似性があると考える。また，会計処理上，付与日から権利確定日の直前ま

---

[9]　権利確定後は権利確定前と違った持分の所有者となるとの主張がある（Kaplan and Palepu 2003, p. 106）。しかしながら，同主張がある論文において，権利行使前後での貸方勘定の変更は主張されてはいない。

[10]　本章脚注8)のとおり対象勤務期間がないストック・オプションの場合は，付与日以後にストック・オプション保有者と企業との関係が変化するものではなく，また，付与日に新株予約権としての金額が確定しており，権利確定前後における新株予約権の勘定上の表記の区別の対象とはしない。

での間に権利不確定による失効の見積数に重要な変動があった場合には，ストック・オプション数を見直す。そして，見直し後のストック・オプション数に基づくストック・オプションの公正な評価額に基づき，その期までに費用として計上すべき額と，これまでに計上した額との差額を見直した期の損益として計上する（会計基準 8 号，par.7）。このようにストック・オプションは，権利確定するかどうかには偶発性があり，また，最終的に新株予約権として計上される金額も未確定である。

　簿記において，現金の収入や支出があっても，その相手勘定又は金額が未確定の場合には，仮払金勘定又は仮受金勘定で処理している（大藪1978, p.189；中村2008, p.85；沼田1983, p.203；森川1985, p.137）。また，法人税の支払いでは，当該事業年度に納税する金額が未確定な中間申告においては，仮払法人税（中村2008, p.208）や仮払法人税等（沼田1983, p.247）で処理している。これらのように，相手勘定又は金額が未確定な勘定を処理する場合，「仮」という表現を用いている[11]。

　対象勤務期間があるストック・オプションの場合，付与時点におけるストック・オプションが権利確定するかどうかには偶発性があり費用計上額が未確定である。権利確定日に最終的に新株予約権として計上される金額も未確定である。相手勘定又は金額が未確定であるという点において仮払金，仮受金と同様であり，金額が未確定であるという点において，仮払法人税，仮払法人税等と同様である。したがって，付与時点から権利確定までのストック・オプションは「新株予約権」ではなく，「仮」という表現を用い「新株予約権仮勘定」と考え[12]，権利確定後の新株予約権とは別項で純資産の部の

11） 仮払金，仮受金，仮払法人税，仮払法人税等の他に「仮」という用語を用いるおもな勘定として，仮払消費税，仮受消費税，建設仮勘定がある。仮払消費税，仮受消費税は一種の預かり金（中村2008, p.210）である。建設仮勘定は建設中の建物等に対して支出額を一時的に処理する勘定で建物等が完成すれば該当する資産に振り替られるもの（大藪1978, p.155；中村2008, p.123；沼田1983, p.198；森川1985, p.259）である。したがって，仮払消費税，仮受消費税，建設仮勘定における「仮」は，仮払金，仮受金，仮払法人税，仮払法人税等金額が未確定な勘定を処理する場合に用いる「仮」の意味とは定義が相違する。

12） 権利行使日までの貸方について，仮勘定もしくはメザニンとする考え方については，斎藤静樹（2004, p.15），資産全体に対する評価性引当金とする考え方については，原（2003, p.97）。

第7章 新株予約権仮勘定の必要性

株主資本以外に表記すべきである。なお「新株予約権仮勘定」等は，新株予約権と同様「経済的資源を放棄もしくは引き渡す義務」がないので負債ではなく，権利確定前の時価の変動は認識しない。

3. 会社法における権利確定前のストック・オプション

　会社法上でのストック・オプションを含む新株予約権は，「株式会社に対して行使することにより当該株式会社の株式の交付を受けることができる権利（会社法2条二十一）」（傍点―筆者）とされている。そして，新株予約権が割り当てられたことにより新株予約権者になるとしている（会社法245条一項）。新株予約権の割当てを受けた者はすべて新株予約権者として取り扱うこととし，事業報告における開示等が及ぶ（会社法施行規則123条）。相澤，豊田（2005，p.19）に拠れば，職務遂行（払込み）がされない限り，新株予約権が発行されないとすると，職務遂行の期間，権利を有する者に対する適切な規律を及ぼすことができないので，割当てにより新株予約権者になるとされており，職務遂行（払込み）については権利行使の条件として整理している。

　上記のとおり，会社法上では，付与日から新株予約権者であり，すなわち新株予約権者は，付与日に株式の交付を受けることができる権利である新株予約権を持っていると解することができると考える。なお，会計基準上では，「権利確定日」（会計基準8号，par.2）という概念を前提としている以上，付与日においては権利が確定してないと読むのが自然である。前項のとおり，対象勤務期間があるストック・オプションの場合，会計基準上でいう権利確定前後において，ストック・オプションの相違を会計上認識すべきであり，付与日から行使までを新株予約権としている法形式と同様にする必要はないと考える。

第4節　権利不行使による失効の仕訳

　権利確定後に不行使による失効が生じた場合，日本基準では，従業員から付与されたサービスを会社が無償で消費したと考え，その結果，ストック・

オプションを付与したことによる純資産の増加が株主との直接的な取引によらないこととなったとし，費用計上金額を，失効時に新株予約権戻入益（特別利益）として戻し入れる（会計基準8号，pars.42-47）。米国基準，国際基準ではストック・オプションを付与した時点で持分証券と見ており，権利不行使による失効が生じても利益に戻し入れる処理はしない。日本基準においても同様に利益に戻し入れず，権利失効時にその他資本剰余金に振り替えるべきである。

　理由として，(1)ストック・オプションは，権利確定時点までのサービスに対しての公正価値がある対価として付与されている（会計基準8号，pars.4-5）。相澤，豊田（2005，p.18）に拠れば，会社法上もそのように位置付けられている。サービスの提供に対する会社の義務は付与時に履行されており無償でサービスを受けることにはならない（吉川・吉井2005，p.2）。権利確定後失効したからといって権利確定後に無償でのサービスの消費と位置付ける（会計基準8号，par.46）のは，論理的に不整合である。(2)新株予約権の貸借対照表における表示が負債の部ではないものの，株主資本に含まれず，新株予約権の戻入益が損益計算される会計処理について「業績がさえず株価も低迷した結果，新株予約権戻入益が計上され，場合によっては赤字決算を回避できるかもしれない」との指摘が野口（2006b，p.65）によりされている。ストック・オプションの場合においても，株価が低迷したことによりオプションが失効し，結果的に会社に利益が計上されるようになると，会社は業績が好調な時にオプションを付与し費用計上をしておくことで，業績が不調で株価低迷する時に備え意図的に利益を繰り延べることが可能になり，将来の利益の底上げにオプションを付与することができるようになる。(3)権利確定した後の従業員は投資家でもある（吉川・吉井2005，p.2）。一般的にいつオプション行使をするかは投資家に委ねられている。株価低迷により失効したオプションでも，行使可能期間中に利益が生じる株価の時期があったことも想定される。投資家の判断が会社の利益を左右することになる。会社の利益と投資家の判断とは関係ないものである。(4)株式の場合，投資家が保有している株式の価値が毀損しても，損益認識を当該会社がすることはありえない。減資差益も損益上認識しない（中村2008，p.221）。ストック・

オプションを株主資本とは位置付けていないものの，負債と位置付けていないことは明確である以上，失効に伴い利益認識をする理由がない（野口2006a, p.86）。

第5節　結　び

　平成17年（2005年）12月に公表された会計基準5号においては従来の資本の部が純資産の部とされ，純資産の部は株主資本及び株主資本以外の項目とされた。純資産の部全体をこれまでの取引要素における資本とすると，ストック・オプションの費用計上に伴い，従来の取引要素の結合関係では結びついていなかった結合関係が生じる。費用の増加と資本の増加の結びつきが費用計上時に生じることになる。また，資本の減少と収益の増加の結びつきも，日本基準で権利不行使による失効を処理した場合には生じることになる。結合関係の見直しか，結合関係を所与とするのであれば，ストック・オプションの会計処理において何らかの擬制取引がなされていると考える必要がある。
　ストック・オプションの会計基準における費用認識の根拠は，企業が従業員より受け取ったサービスを消費しているという考え方にある。米国基準，国際基準では，サービスを受領したときサービスは資産を構成し，その資産を消費していると規定している。日本基準において費用認識の根拠に資産の消費という考えはない。結合関係を所与とし擬制取引がなされていると考えるのであれば，日本基準においてもサービス受領に伴い資産が構成されるという考え方を持つ必要がある。株主資本以外の項目を従来の簿記の取引要素に含まれない新しい取引要素としたとしても，費用計上時に擬制取引がなされており，サービス受領とともに資産が瞬時に形成されると考えることができる。
　権利確定前の貸方の勘定については，対象勤務期間があるストック・オプションの場合，サービスの提供の完了による企業とストック・オプション保有者の関係の変化や失効に伴う会計処理との整合性により，権利確定後の勘定とは区別すべきであり，権利確定の偶発性，新株予約権として計上される金額の未確定さより，「新株予約権仮勘定」等が相当と考えられる。

権利不行使による失効の仕訳については，権利不行使によって利益が計上されることになるため，その意味について再考する必要がある。

第 8 章

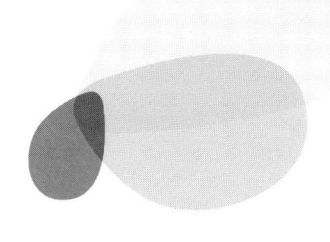

付与された
ストック・オプションの
状況

第1節　企業会計基準委員会の平成15年1月報告の調査

1．調査対象

　企業会計基準委員会のストック・オプション等専門委員会は，会計理論上の検討を進め，平成14年（2002年）12月に「ストック・オプション会計に関わる論点の整理」を公表し，その論点整理の検討を行う中で，わが国のストック・オプションの実態調査を実施した[1]。そして，企業におけるストック・オプションの制度設計及び権利行使の状況を調査するために，質問票の送付及びインタビューが行われ，サンプル数として公開企業1,803サンプル，未公開企業39サンプルが集計された。また，そのうち公正価値を試算するためのデータが入手できた895サンプルを用い，費用計上の影響が試算された（財務会計基準機構2003）。

2．制度設計及び権利確定，権利行使の状況

　ストック・オプションには，大半が権利確定に期間という時間の要素が設定されていた。権利確定に期間を設けていないのは，公開企業，未公開企業ともに約10％のみであり，残りの約90％は権利確定期間が設けられており，

---

[1]　「ストック・オプション会計に関わる論点の整理」については，第3章第6節を参照。

特に，未公開企業においては，約57％が２年超の権利確定期間を設けていた[2]。権利行使の期間は，公開企業においては約85％，未公開企業においては約95％が２年以上となっていた。また，権利確定条件として，公開企業においては約63％，未公開企業においては約70％が，継続勤務を条件[3]として設定していた（財務会計基準機構2003，pp.21-26）。

　付与されたオプションのうち権利確定したものは，公開企業においては約38％，未公開企業においては約36％であり，権利確定したもののうち，権利行使されたものは，公開企業においては約15％，未公開企業においては約5％であった。すなわち付与されたオプション全体でみれば権利行使されたのは，公開企業で約６％（38％×15％），未公開企業で約２％（36％×５％）であり，残りは権利未確定，権利未行使，権利確定後失効であった。権利行使がされているケースがすくない理由は，「公開企業の場合，有効回答数の33％が平成14年（2002年）４月に解禁された新株予約権でストック・オプションを実施しており，まだ権利が確定していない場合が多いため」であり，この調査段階（平成14年（2002年）第４四半期）では権利確定していない場合が多いとしている（財務会計基準機構，p.52）。

　そして，権利確定をしたストック・オプションを抱える公開企業に対して，別途，権利行使の状況を確認した調査では，イン・ザ・マネーの状況にあるにもかかわらず，権利行使が進んでいないとの回答が30.9％あった。そしてその30.9％に対して権利行使が進まない理由が調査されたところ，86.7％がさらなる株価上昇を期待しているとのことであった（財務会計基準機構，pp.51-53）。このように，ストック・オプションの権利行使は株価という不確実な要素による部分が大きいと思われる。

3．費用計上の見込み

　連結当期純利益に対する費用額の比率が公開市場別及びストック・オプションの予想残存期間別で算定されている。市場総計では，下記表の期間１で

---

[2] 公開企業においては２年超は13.0％。

[3] その他の権利確定条件として，株価連動，業績連動等がある。

第 8 章 付与されたストック・オプションの状況

図表8-1 対連結当期純利益に対する費用計上の影響度の試算
（図表序-1の再掲）

市場	期間1	サンプル数	期間2	サンプル数	期間3	サンプル数
総計	1.38%	665	2.43%	724	2.77%	724
東証1部	0.70%	346	1.33%	375	1.55%	375
新興3市場	3.51%	210	5.70%	231	6.72%	231

（注1） 公正価値を試算するためのすべてのデータが入手できたのが895社であり，そのうちデータの欠如等により測定できないものは除かれている。
（注2） 総計には東証1部，新興3市場（JASDAQ，マザーズ，ナスダック・ジャパン（旧称））のほか東証2部等も含まれるため，東証1部と新興3市場のサンプル数の合計が総計のサンプル数と一致しない。
（注3） 公正価値の試算にあたり，評価モデルでのストック・オプションの予想残存期間として，期間1は付与日から権利確定日までの期間，期間2は付与日から権利行使期間の中間時点までの期間，期間3は付与日から満期日までの期間。
出所：財務会計基準機構（2003, pp.59-61, 70）

は1.38%，期間2では2.43%，期間3では2.77%と期間によりおよそ2倍の差が生じている。また，全体では最大で6.72%から最小で0.70%であり，企業収益への影響は「数％程度」[4]との予測がなされていた。ほかに対売上高，対営業利益，対経常利益，対株主資本に対する影響に関しての調査が行われており，これらの結果を踏まえ，ボラティリティなどの計算要素やオプショ

---

4) 田中（2005, pp.13-17）の調査によると平成16年（2004年）8月末時点において日本の公開企業においてデータが揃っている1,722件をサンプリング対象とし分析をした結果，ストック・オプションが費用計上された場合，平成10年度（1998年度）から平成17年度（2005年度）通算において，権利確定日から権利行使満期日までの中間で権利行使がされたとした場合，当期純利益を連結決算ベースで1.2%（中央値）押し下げるとされている。費用計上額の中央値は1年度あたり1600万円である。また，当期純利益を連結決算ベースで3.45%（中央値）押し下げる年度もあり，その年度の費用計上額の中央値は3600万円である。また，竹口（2002, pp.140-141）による，平成9年度（1997年度）から平成12年度（2000年度）にストック・オプションを導入した企業のうちデータが揃っている202社を対象にした調査では，自己株式方式とワラント方式のストック・オプションを上場企業，店頭公開企業ごとに集計をしている。その調査結果では，権利確定日から権利行使満期日までの中間で権利行使がされたとした場合，当期純利益に与える影響は以下のとおりである。自己株式方式（上場企業：2.34%，店頭公開企業：6.51%），ワラント方式（上場企業：4.79%，店頭公開企業：13.57%）。乙政（2001, pp.79-86）による，平成9年度（1997年度）から平成11年度（1999年度）にストック・オプションを導入した企業のうちデータが揃っている111社を対象にした調査では，税引前当期利益に対する影響は，中央値で1.77%。

ンの期間の前提が結果へ大きく影響することが明らかになったとされていた。

4. まとめ

　ストック・オプション制度において，権利確定までには一定の期間が設定されており，権利行使期間は中長期間にまたがるものが多く，そして，なんらかの権利確定条件を求めるものが80％以上であり，権利確定条件がなく付与後に権利確定し，早い段階で権利行使ができる設計は少ない。権利確定したものの権利行使が進まない理由の大半が，株価上昇を期待してとのことであり，ストック・オプションの権利行使は株価の状況による。

　このように，制度設計面より，権利確定には一定の期間を要し，権利行使可能期間は複数年にまたがることで権利確定するか否か，権利行使されるか否かの予測は簡単ではないと考える。また，多くのストック・オプションにおいて権利確定条件が課せられており，権利確定条件が満たされるか否かの予測は困難である。さらに権利確定後は株価という予測困難な要素に権利行使をどのタイミングで行うか委ねられている。

　制度設計面で複数年という時間の要素や権利確定条件，さらに権利行使においては株価という要素等いずれも不確実な面を持つ要素によってストック・オプションは影響を受ける。

　費用計上の影響の予測については，「数％程度」とされたものの，最小0.70％と最大6.72％であり，個々の企業でみるとより影響が生じる場合がある。また，市場別では，各市場とも予想残存期間により数値がおおよそ2倍とばらつきがあり，費用計上が及ぼす影響は一定ではない。特に，新興3市場においては，最小3.51％から最大6.72％であり，新興市場では費用計上が及ぼす影響より強く見られる。そして，公正価値算定は，ボラティリティなどの計算要素やオプションの期間の前提などの要素によって結果が大きく変動し，一定の予測は困難である。

第8章　付与されたストック・オプションの状況

第2節　有価証券報告書における開示内容

1. 開示項目

　平成18年（2006年）5月に会社法が施行され，会計基準上はそれに先立ち平成17年（2005年）12月企業会計基準第8号「ストック・オプション等に関する会計基準（以下会計基準8号）」及び企業会計基準適用指針第11号「ストック・オプション等に関する会計基準の適用指針（以下適用指針11号）」が公表され，平成18年（2006年）5月1日以後にストック・オプションを付与した会社において，原則，公正な評価額による費用計上が義務付けられることになった（会計基準8号，par.17）。有価証券報告書においては付与されたストック・オプションについて開示がされている。

　有価証券報告書の開示内容の仔細については，企業内容等の開示に関する内閣府令に定められた第二号様式記載上の注意(47)に拠っいる。ストック・オプションに関する開示はおもに2項目あり，「提出会社の状況1．株式等の状況」の1項目としての「ストック・オプション制度の内容」と「経理の状況1．連結財務諸表等　注記事項」の1項目としての「ストック・オプション等関係」である。ほかに，「コーポレート・ガバナンスの状況」の「役員の報酬等」の中の報酬の一種類として開示されている[5]。なお，以下に述べ

---

[5]　平成21年（2009）6月の金融庁金融審議会金融分科会「我が国金融・資本市場の国際化に関するスタディグループ報告—上場会社等のコーポレート・ガバナンスの強化に向けて—（以下スタディグループ報告）」をはじめコーポレート・ガバナンスに関する報告書等が金融庁のほかに日本経済団体連合，東京証券取所，経済産業省から当時公表されていた。役員報酬の開示はコーポレート・ガバナンス改革の一環をなすもので重要性が指摘され，その後，スタディグループ報告での指摘事項を踏まえて金融商品取引法令が改正され平成22年（2010年）3月に「企業内容等の開示に関する内閣府令等の一部を改正する内閣府令」が公布・施行され「役員の報酬等」の開示が求められるようになった。スタディグループ報告では，「役員報酬については経営者のインセンティブ構造等の観点から株主や投資家にとって重要な情報であると考えられる。また，非常に高額な報酬やストック・オプションが経営者の経営姿勢を過度に短期的なものとするおそれなどの指摘もあり，役員報酬の決定に係る説明責任の強化を図っていくことが重要な課題である。（中略）報酬の開示の充実が図られるべきである」と指摘されていた（住友信託銀行証券代行部2010，pp.1-2）。

る有価証券報告書における開示項目については，財務会計基準機構発行の「有価証券報告書の作成要領（平成23年3月期提出用）（以下作成要領）」に拠るものである。

「ストック・オプション制度の内容」[6]では，決議年月日，付与対象者の区分及び対象者数，行使により発行される株式の種類と数，行使時の払込金額，行使期間，行使の条件等が開示されている。「ストック・オプション等関係」では，費用計上額及び科目名，ストック・オプションの内容[7]，ストック・オプションの規模及びその変動状況[8]，ストック・オプションの公正な評価単価の見積方法[9]及びストック・オプションの権利確定数の見積方法が開示されている。これらに関する開示については，会計基準8号及び適用指針11号において定められている[10]（会計基準8号 par.16；適用指針 pars.24-35）。

「コーポレート・ガバナンスの状況」の「役員の報酬等」では，有価証券報告書提出会社の最近事業年度に係る報酬等[11]が開示されており，その報酬

---

6) 会社法に基づくストック・オプション制度のほかに会社法適用以前に付与されたストック・オプションについての項目がある。会社法の施行日より前に付与されたストック・オプションについては付与日における公正な評価単価の注記は求められていない（適用指針11号の改正）。

7) ストック・オプションの内容には，決議されたストック・オプションごとに，付与対象者の区分及び人数，ストック・オプションの数，付与日，権利確定条件，対象勤務期間，権利行使期間の項目がある。

8) ストック・オプションの規模及びその変動状況には，決議されたストック・オプションごとに，「ストック・オプションの数」と「単価情報」の2つの項目があり，「ストック・オプションの数」の内訳として，権利確定前の前連結会計年度末ストック・オプション数，当会計年度期間中の付与数，失効数，権利確定数，未確定残と権利確定後の前連結会計年度末ストック・オプション数，権利確定数，権利行使数，失効数，未行使残の項目がある。「単価情報」の内訳として，権利行使価格，付与時平均株価，付与日における公正な評価単価の項目がある。

9) ストック・オプションの公正な評価単価の見積方法の開示内容には，公正な評価単価が記載されたストック・オプションすべてについて，使用した評価方法，評価にあたっての基礎数値及び見積方法（例えばブラック・ショールズ式なら，株価変動性，予想残存期間，予想配当，無リスク利子率）の項目がある。

10) ストック・オプションの発行等により，金融商品取引法に基づく開示の他に，会社法及び有価証券上場規程等により情報開示が求められる。

11) 会社法上，取締役が受ける報酬，賞与その他の職務執行の対価である財産的利益（報酬等）は，1）金額が確定したもの，2）金額が確定しないもの，3）金銭でないものがある（会社法361条）。相澤・葉玉・郡谷（2006, pp.312-316, 408）は，ストック・オプションは1）の金額が確定したもので3）の金銭でないものが該当するとし金銭でないものとしている。監査役に対

第8章 付与されたストック・オプションの状況

等の種類の1項目としてストック・オプションに関する報酬額として当該期間に費用計上されたストック・オプションに該当する金額が開示されている。監査役会設置会社の場合，取締役，監査役，社外取締役（含む社外監査役）へ支払われた報酬が総額の内訳として開示されている[12]。委員会設置会社の場合は，執行役，取締役，社外取締役について開示されている。なお，報酬額は提出会社総額の開示のほかに連結報酬等の額が1億円以上である役員については，役員ごとに報酬額の開示が求められている（企業内容等の開示に関する内閣府令に定められた第二号様式記載上の注意(57)[13]）。

2．公正な評価額の見積り

ストック・オプションの公正な評価額は，公正な評価単価にストック・オプション数を乗じて算定する。前項のとおり公正な評価単価の見積方法（算定技法など）と権利確定数の見積方法の開示が求められている。そして権利確定前のストック・オプションの見積り数は，権利確定日までに毎期見直し，権利確定日には権利確定数と一致させることとなっている[14]（会計基準8号 pars.4-7）。

する報酬も株式会社から受ける財産的利益としている。
[12] 監査役の報酬等がストック・オプションの形をとることについての不合理性の見解については江頭（2011, p.501）。
[13] 会社法においても役員類型ごとの総額を開示することが義務付けられている（会社法施行規則121条）。
[14] 業績条件や勤務条件など権利確定条件が付与されているストック・オプションの場合は，権利未確定の状態でも，従業員が労働サービスを提供していることに変わりがないにもかかわらず，権利確定前に失効したストック・オプションに対応する労働サービスは費用と認識しないことになっている（IFRS2とFAS123Rも同様の規定。但し業績条件に株価条件が付されている場合はIFRS2及びFAS123Rでは株価条件が達成されない場合でも，ほかのすべての権利確定条件を満たしている限り，受領したサービスを費用として認識しなければならないことになっている。会計基準8号では，「株価を条件とする業績条件とする場合であっても，例えば離散時間型モデル等を利用して合理的に見積った失効数を反映することは認められる」とし権利確定の条件として株価条件の見積りを許容している（IFRS2 pars. 19, 21; ASC718-10-30-12, 718-10-30-27 (FAS123Rでの規定該当項目は米国会計基準のコディフィケーションに拠るもので記している）；会計基準8号 par.51）。ストック・オプションと勤務サービスの対価性，等価性の最近の議論は脚注20)。

公正な評価額に関し，平成10年（1998年）9月に企業財務制度研究会に設置されたストック・オプション等株式関連報酬制度研究委員会報告「ストック・オプション等の会計をめぐる論点」では，測定の信頼性について疑問が呈されていた（荻原1999, pp.386-387)[15]。さらに，会計基準8号等を導入するにあたり平成14年（2002年）12月に公表された「ストック・オプション会計に係る論点の整理」（以下「論点整理」）に対して「ストック・オプションの公正な評価額の見積りに信頼性がない」として，ストック・オプションの価値の見積りの信頼性の観点から，費用認識が困難又は不適当であるとの指摘が寄せられていた（会計基準8号, par.40)。

(1) 算定技法の信頼性
　この指摘に対して，会計基準8号では「公開企業については，現在利用可能な算定技法を用いれば，投資家にとって十分有用な情報が提供されることは，他の国際的な会計基準においても，広く認められている（会計基準8号, par.40)」と記し，国際的な基準であることを理由に利用可能な算定技法を受け入れている。
　平成15年（2003年）1月に公表された企業会計基準委員会による調査（財務会計基準機構2003）では，ボラティリティなどの計算要素やオプションの期間の前提が結果へ大きく影響することが明らかになったとされていた[16]。会計基準8号等が導入され数年が経過しストック・オプション評価に関するデータも蓄積されたことから，信頼性を高めるために算定技法の検証を行うべきと考える。

(2) ストック・オプション数の見積りの信頼性
　会計基準8号等では，ストック・オプションの権利不確定による失効数に

---

15) 日本で適用するとすれば株式市場データに基づく実証的な検討が必要と指摘していた。
16) 椎葉・瀧野（2010, pp.89-107）は，米国において行われてきた研究に基づき，ストック・オプションの評価額の決定に際して，経営者がどの程度裁量的行動をとってきたかを検証し，「経営者はさまざまな手段を用いて，評価公式のインプットを操作している」との可能性を指摘している。

ついて,「最善の見積りを行うことが原則であると考えられる。しかし,十分な信頼性をもって,ストック・オプションの失効数を見積ることができない場合には,見積りを行うべきではない。また,会計処理上,ストック・オプションの失効数の見積りを行った場合には,その見積方法を注記することとなる」(会計基準8号,par.52) とある。

ストック・オプションの公正な評価額は,「公正な評価単価×ストック・オプション数」で算定されるものであり,ストック・オプション数の信頼性が不確かなものであれば,公正な評価額は算定されない。ストック・オプション数の見積りについては,会計基準上,勤務条件が付された場合の「定年退職」(適用指針11号,par.53) の例示があるのみで,「最善の見積り,十分な信頼性」(会計基準8号,par.51),「合理的な判断によって解釈」,「合理的に予測」(適用指針11号,pars.50-56) といったあいまいな表現しかなく,勤務条件や業績条件を見積もる方法についての記載はない[17]。

ストック・オプション数によって,公正な評価額すなわち費用計上額は左右されるものであり[18],十分な信頼性に足る合理的な方法がないとして見積りをしないことで費用計上額のコントロールが可能になる。権利確定条件が付与されたストック・オプションの場合,確定のための条件を充たす見積りの具体的な算定方法を定めるべきであり,また,見積りをする場合において見積方法の注記が求められるのと同様に見積りができない場合もできないことについての根拠[19]を注記する必要があると考える。

ストック・オプションの公正な評価額は公正な算定技法と公正なストック・オプション数の見積りにより行われることで信頼性が確保されるもので

---

[17] 適用指針11号に会計処理等の設例が記されているが,その中で権利確定前の失効数の見込みをゼロとせず設定している設例が4例(退職による失効見込3例(設例1,2-6,5-1),業績条件が達成されないことによる見込1例(設例3-3))あるが,いずれも見積方法は示されていない(適用指針11号1,設例1から6-3)。なお,権利確定に業績条件が付されたもののうち株価条件によるものだけについては「例えば,離散時間型モデル等を利用して合理的に見積った失効数を反映することは認められる」とされている(会計基準8号,par.52)。

[18] 本章著述にあたり行った日経225構成銘柄企業の調査では権利不確定による失効の結果,費用計上額がマイナスつまり利益が計上される事例がみられた。

[19] 作成要領の事例では「合理的な見積りが困難」と記載されているだけである(2011,p.264)。

あるが，現状では，論点整理で指摘されたように公正な評価額の見積りの信頼性に疑問が残っている[20]。

(3) 開示内容の重要性

ストック・オプション付与に伴う有価証券報告書上の開示は上記でみたとおり多くの項目にわたり，公正な評価単価やストック・オプションの権利確定数では見積りが求められ企業にとっての業務負担は重い。

特に，「ストック・オプション等関係」では，ストック・オプション付与に伴う費用計上額及びその算定の基となるストック・オプションの内容，規模及びその変動状況，公正な評価単価の見積方法及び権利確定数の見積方法の記載が求められており，費用計上額が企業損益に与える影響が小さい場合，情報の量的な重要性[21]に比べ，開示内容の分量が多い。ストック・オプションの発行決議ごとに記載が必要であり，企業損益への影響の大小にかかわらず発行決議の回数が増えれば増えるほど，記載分量が増えていくことになる。

また，「提出会社の状況1．株式等の状況」の一項目としての「ストック・オプション制度の内容」と「経理の状況1．連結財務諸表等　注記事

---

20) 醍醐（2010, pp.19-27）はストック・オプションと勤務サービスの対価性，等価性に疑問を呈し，ブラック・ショールズ等による付与日現在で算定された公正価値による会計基準の問題点を指摘している。さらに，ストック・オプションを費用認識するのは既存の報酬体系の代替として用いられた場合に限るべきで，ストック・オプションの価値評価も代替前の金銭報酬を引き継ぐ形で算定すればよいとしている。田中（2011, pp.14-28）も醍醐，同様にストック・オプションと勤務サービスの対価性，等価性の問題点を指摘した上で，さらに付与日時点でのストック・オプションの評価の信頼性が高いものでないにもかかわらず，付与日現在で評価単価の見積りを固定することにしている現行の会計基準を問い，ストック・オプションが貸借対照表において純資産とされている点を挙げ，付与日現在の価値の見積りの信頼性が乏しいことなどに基づき，ストック・オプションを負債とする可能性を述べている。付与日現在のストック・オプションと勤務サービスの等価性に対する問題提起は，鈴木・多辺田（2009, p.85）おいてもされている。

21) 瀧田（1995, pp.245-246），中村（2005b, pp.197-199）は，重要性の判断基準としての量的基準の重要性と質的基準の重要性を述べる中で，量的基準の重要性の方が質的基準の重要性より優先されるとしている。武田（2008, p.131）は重要性の原則について計算経済性の観点から容認される原則であるとしている。そして「厳密な会計処理を適用するために要する手数（費用）と当該会計処理の結果えられる情報のもつ効用との関連で，前者が後者より著しく大きい場合，簡便な手続きの適用が許容されうる」と述べている。

項」の1項目としての「ストック・オプション等関係」の記載内容には，情報開示の目的が相違するとはいえ重複した内容の記載が多く，企業損益に与える影響など情報の量的な重要性の大小にかかわらず一律の記載が求められている。ストック・オプション制度の内容，権利確定状況等については引き続き開示をする必要があるが，公正価値評価や開示内容の重複を見直すなど，開示のあり方を検討すべきと考える[22]。

3. 役員の報酬等の開示

　有価証券報告書において，役員報酬等の一項目として開示されるストック・オプションの金額は最近事業年度の会計上の費用計上額である[23]。会計上は付与時点において公正価値があるとされるが[24]，通常譲渡制限が付されており，付与時においては権利未確定でかつアウト・オブ・ザ・マネー状態で付与されるのが一般的である。すなわち，付与された役員は，有価証券報告書において開示された金額相当と同等の金銭や市場性のある有価証券と付与時点で替えることができない。仮に公正価値として費用計上された金額相当分の経済的利益がある[25]としても，その経済的利益の実現は，権利確定条

---

22) 平成23年（2011年）3月に公表された企業会計基準第12号「四半期財務諸表に関する会計基準」では，ストック・オプションについて財務諸表利用者の開示ニーズが必ずしも高くないことを理由に注記事項等の開示が求められなくなり情報の重要性は低下している。

23) 費用計上額については，平成22年（2010年）3月の金融庁よりの「コメントの概要及びコメントに対する金融庁の考え方（以下金融庁の考え方）」において「最近事業年度に係る報酬等に該当すると考えられます」と示され，「このような取扱いが多数を占めるものとなった」（住友信託銀行証券代行部2010，pp.8-9）とのこと。なお，取締役が職務執行の対価として受け取ったストック・オプションは，取締役の責任の一部免除が行われる場合には，免除限度額の算定上，付与日現在における公正な評価額が参入される（江頭2011，p.430）。

24) 税務上は権利行使により株主になった時点で，実現した経済的利益に給与所得課税がされ，この時点で所得とされている。いわゆる税制適格のものは権利行使により取得した株式が売却される時点まで課税を繰り延べるということであり権利行使により株主になった時点で経済的利益としていることに変わりはない（所得税法施行令第84条；租税特別措置法第29条の2；租税特別措置法37条の10；租税特別措置法施行令第19条の3第1項）。

25) 脚注11)でみたとおり，会社法上ストック・オプションは金額が確定したものであるが金銭でないものとされている。相澤・葉玉・郡谷（2006，p.313）は，社債や新株予約権など会社に対する債権も含まれるとし，「現実の経済的利益の獲得が将来的なものであったり取締役の行為を必要とするものであったとしても，会社法上は『対価』に該当する」と述べている。

件を充たした上で，権利確定後の株価動向次第ということになる。付与時点では，会計上の評価額と同等の経済的利益を実現できておらず，スタディグループ報告[26]がいうインセンティブとしてストック・オプションが機能しているか不確かである。しかし，ストック・オプションは役員報酬として投資家や株主に開示されるばかりでなく新聞紙上でも広く報じられている[27]。

スタディグループ報告では「経営者のインセンティブ構造等の観点から株主や投資家にとって重要な情報」とあるが，投資家や株主に開示する企業側の費用計上額の情報と報酬を受け取る経営者のインセンティブ構造との関連は不確かで，株主や投資家にとって重要な情報とは言い切れず，経営者のインセンティブ構造を判断するのに正確でない情報となる可能性が考えられる。おもに金融商品取引法上の論点であるがストック・オプションによる報酬の会計上の数値が「経営者のインセンティブ構造等の観点から株主や投資家にとって重要な情報」に該当するのか，また，同報告の指摘する「開示の充実」に資するものなのか再考すべきと考える。

第3節　ストック・オプションの実態調査

1. ストック・オプションの導入状況

平成17年（2005年）12月会計基準8号等が公表され，会社法の施行日すなわち平成18年（2006年）5月1日以後に付与されるストック・オプションから費用計上が義務付けられることになった。費用計上が義務付けられる前の平成16年（2004年）までは，おおよそ3分の1の上場企業において導入されていた（三浦，長山，野間，伊藤，千葉2006, p.4）。費用計上が義務付けられた後，平成22年（2010年）まで約4割の上場企業においてストック・オプションが利用されているが，平成19年（2007年）以降は同水準で推移しておりストック・オプションの利用企業は増加していない[28][29]（タワーズペリ

---

26) スタディグループについては脚注5)参照。
27) 有価証券報告書での開示情報に基づき，ストック・オプション分も含めた役員報酬額が1億円以上の一部役員につき，新聞紙上にてランキング方式などで報道されている（日本経済新聞平成23年（2011年）7月1日, p.11，平成24年（2012年）4月7日, p.13）。

第8章　付与されたストック・オプションの状況

ン東京支店・日興コーディアル証券2009, p.1)。

(1)　Jストック構成銘柄企業及び日経225構成銘柄企業における導入状況

　ストック・オプションの費用計上が義務付けられる前の企業会計基準委員会の調査において，新興市場では費用計上が企業損益に及ぼす影響が市場全体より大きく，また，一定ではないことが予測されていた。平成18年（2006年）5月より会計基準8号等が適用され，ストック・オプションの費用計上が義務付けられた後のストック・オプション制度の実態について，日本における代表的な新興市場であるジャスダックのJストック構成銘柄企業及び日経225構成銘柄企業について調査を行った。平成23年（2011年）12月現在におけるJストック構成銘柄企業（69社）のうち，平成23年（2011年）1月から12月までの決算期において，権利未確定残，未行使残等の開示状況によって現在もしくは過去においてストック・オプション制度があることが確認できた企業は45社（全体の65.22％）であった。残りの14社（全体の34.78％）ではストック・オプション制度が確認できなかった。平成22年（2010年）1月から12月までの決算期においても45社（全体の65.22％），平成21年（2009年）1月から12月までの決算期においても44社（全体の63.77％）と過去3年間導入企業数はほぼ変わらず，Jストック構成銘柄企業においては概ね6.5割の企業においてストック・オプションが導入されている。

　日経225構成銘柄企業では，平成23年（2011年）1月から12月までの決算期において，権利未確定残，未行使残等の開示状況によって現在もしくは過去においてストック・オプション制度があることが確認できた企業は112社（全体の49.77％）であった。平成22年（2010年）1月から12月までの決算期においては110社（全体の48.88％），平成21年（2009年）1月から12月まで

---

28)　タワーズワトソン・日興コーディアル証券（2010, pp.1-2）の全上場企業を対象にした調査に拠れば，退任時に行使可能となる行使価額1円の報酬型ストック・オプションの付与は増加傾向にある（ストック・オプション全体の中に占める割合は，上場企業全体で平成20年（2008年）には32％であったが，平成22年（2010年）には45％）。

29)　花崎・松下（2010, pp.68-77）は日本においてストック・オプションが企業の収益性の向上に効果を発揮しているか否かについて1997年から2006年までのデータに基づき分析を行いストック・オプション導入によって収益性が向上する効果は限定的であるとしている。

図表8-2　ストック・オプション導入企業の年度別企業数

	Jストック		日経225	
	企業数	対Jストック全体比率	企業数	対日経225全体比率
平成23年（2011年）	45	65.22%	112	49.77%
平成22年（2010年）	45	65.22%	110	48.88%
平成21年（2009年）	44	63.77%	108	48.00%

の決算期においては108社（全体の48.00％）とJストック構成銘柄企業と同様に過去3年間導入企業数ははば変わっておらず、概ね5割の企業においてストック・オプションが導入されている。

　Jストック構成銘柄企業において平成23年（2011年）12月までにストック・オプション制度が確認できた企業45社のうち、会計基準8号等が適用されストック・オプション付与に伴い費用計上が求められるようになってから新たにストック・オプション制度を導入した企業は4社（全体の5.80％）であり、新規に付与をしていない企業は13社（全体の18.84％）であった。ストック・オプション付与に伴い費用計上が求められる以前、以後ともに引き続きストック・オプションを付与した企業は28社（全体の40.58％）であった。

　日経225構成銘柄企業において平成23年（2011年）12月までにストック・オプション制度が確認できた企業112社のうち、会計基準8号等が適用されストック・オプション付与に伴い費用計上が求められるようになってから新たにストック・オプション制度を導入した企業は20社（全体の8.88％）であり、新規に付与をしていない企業は23社（全体の10.22％）であった。ストック・オプション付与に伴い費用計上が求められる以前、以後ともに引き続きストック・オプションを付与した企業は69社（全体の30.66％）であった。

　Jストック構成銘柄企業において会計基準8号等が適用されストック・オプション付与に伴い費用計上が求められるようになってから新たにストック・オプション制度を導入し付与した企業は4社であり、導入時期は平成22年（2010年）1社、平成20年（2008年）2社、平成18年（2006年）1社であった。

第8章 付与されたストック・オプションの状況

図表8-3　会計基準8号等適用前後におけるストック・オプションの付与状況

	Jストック		日経225	
	企業数	対Jストック全体比率	企業数	対日経225全体比率
会計基準8号等適用後新規に導入	4	5.80%	20	8.88%
同基準適用後は新規の付与なし	13	18.84%	23	10.22%
同基準適用の前後ともに付与あり	28	40.58%	69	30.66%
同基準適用の前後ともに付与なし	24	34.78%	113	50.22%

　日経225構成銘柄企業においては、会計基準8号等が適用されストック・オプション付与に伴い費用計上が求められるようになってから新たにストック・オプション制度を導入し付与した企業は20社であり、導入時期は平成22年（2010年）2社、平成21年（2009年）2社、平成20年（2008年）5社[30]、平成19年（2007年）7社、平成18年（2006年）4社[31]であり新規に導入する企業はJストック銘柄企業及び日経225構成銘柄企業ともに減少傾向にある[32]。

　Jストック構成銘柄企業における業種別の導入状況では（図表8-5-1）で

---

30) 大日本印刷が平成22年（2010年）5月に行った文教堂グループホールディングスの株式取得による連結子会社化によるものが含まれる。子会社化される前に文教堂グループホールディングスが平成20年（2006年）に制度導入したもの。なお、文教堂グループホールディングスを除く大日本印刷（連結ベース）では会計基準8号等適用の前後ともにストック・オプション制度は導入していない。子会社化後、文教堂グループホールディングスも新規の制度導入はしていない。

31) サッポロホールディングスが平成23年（2011年）3月に行ったポッカコーポレーションの株式取得による連結子会社化によるものが含まれる。子会社化される前にポッカコーポレーションが平成18年（2006年）に制度導入したもの。なお、ポッカコーポレーションを除くサッポロホールディングス（連結ベース）では会計基準8号等適用の前後ともにストック・オプション制度は導入していない。子会社化後、ポッカコーポレーションも新規の制度導入はしていない。

32) 野村證券金融経済研究所の調査では、平成19年（2007年）4月から6月にストック・オプションを付与するとした企業は、費用計上が求められる前の前年同時期に比べて4割減であった（日本経済新聞平成19年（2007年）12月19日）。

図表8-4　会計基準8号等適用後新規にストック・オプション制度を設けた企業の導入時期

	Jストック	日経225
平成23年（2011年）	0	0
平成22年（2010年）	1	2
平成21年（2009年）	0	2
平成20年（2008年）	2	5
平成19年（2007年）	0	7
平成18年（2006年）	1	4

は、企業（図表の①列）と会計基準適用前後ともに付与（図表の③列）している企業の合計が業種全体の5割を超えているのは（業種の構成が1社を除く）、精密機器（3社中3社）、情報通信（17社中10社）であった。会計基準適用前後ともに付与がない（図表の②列）企業が多い業種は電気機器（8社中3社）であった

　日経225構成銘柄企業における業種別の導入状況（図表8-5-2）では、会計基準8号等適用後新規に導入した企業（図表の①列）と会計基準適用前後ともに付与（図表の③列）している企業の合計が業種全体の5割を超えているのは食品（11社中6社）、化学（16社中9社）、医薬品（8社中6社）、その他製造（3社中2社）、小売業（8社中5社）、銀行（11社中7社）、証券（3社中2社）であった。

　会計基準適用前後ともに付与がない（図表の②列）企業が多い業種は建設（8社中5社）、繊維（5社中3社）、パルプ・紙（4社中3社）、窯業（9社中5社）、鉄鋼（6社中6社）、非鉄・金属（12社中10社）、保険（6社中4社）、鉄道・バス（8社中7社）、陸運（2社中2社）、電力（3社中3社）、ガス（2社中2社）であり、いわゆる重厚長大型企業及びインフラ関連企業においてストック・オプションはあまり用いられない傾向がみられる。

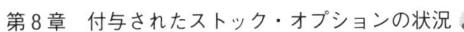

第8章 付与されたストック・オプションの状況

図表8-5-1 業種別導入状況（Jストック構成銘柄企業）

	Jストック構成銘柄		① 会計基準8号等適用後新規に導入		② 同基準適用後新規の付与なし		③ 同基準適用の前後ともに付与あり		④ 同基準適用の前後ともに付与なし	
	社数	シェア	社数	シェア	社数	シェア	社数	シェア	社数	シェア
建設	1	1.45%	1	25.00%	0	0.00%	0	0.00%	0	0.00%
パルプ・紙	1	1.45%	0	—	0	—	0	—	1	4.17%
化学	3	4.35%	0	—	0	—	1	3.57%	2	8.33%
金属製品	1	1.45%	0	—	0	—	0	—	1	4.17%
機械	7	10.14%	0	—	1	7.69%	1	3.57%	5	20.83%
電気機器	8	11.59%	0	—	3	23.08%	3	10.71%	2	8.33%
精密機器	3	4.35%	1	25.00%	0	—	2	7.14%	0	—
その他製品	1	1.45%	0	—	0	—	1	3.57%	0	—
小売業	9	13.04%	0	—	3	23.08%	3	10.71%	3	12.50%
銀行	1	1.45%	1	25.00%	0	—	0	—	0	—
証券	1	1.45%	0	—	0	—	1	3.57%	0	—
その他金融	1	1.45%	0	—	0	—	0	—	1	4.17%
不動産業	2	2.90%	0	—	0	—	1	3.57%	1	4.17%
情報・通信	17	24.64%	1	25.00%	3	23.08%	9	32.14%	4	16.67%
卸売	3	4.35%	0	—	0	—	1	3.57%	2	8.33%
サービス	10	14.49%	0	—	3	23.08%	5	17.86%	2	8.33%
合計	69	100%	4	100%	13	100%	28	100%	24	100%

図表8-5-2　業種別導入状況（日経225構成銘柄企業）

	日経225構成銘柄		① 会計基準8号等適用後新規に導入		② 同基準適用後新規の付与なし		③ 同基準適用の前後ともに付与あり		④ 同基準適用の前後ともに付与なし	
	社数	シェア	社数	シェア	社数	シェア	社数	シェア	社数	シェア
水産	2	0.89%	0	―	1	4.35%	0	―	1	0.88%
鉱業	1	0.44%	0	―	0	―	0	―	1	0.88%
建設	8	3.56%	0	―	1	4.35%	2	2.90%	5	4.42%
食品	11	4.89%	2	10.00%	2	8.70%	4	5.80%	3	2.65%
繊維	5	2.22%	1	5.00%	0	―	1	1.45%	3	2.65%
パルプ・紙	4	1.78%	1	5.00%	0	―	0	―	3	2.65%
化学	16	7.11%	3	15.00%	0	―	6	8.70%	7	6.19%
医薬品	8	3.56%	1	5.00%	0	―	5	7.25%	2	1.77%
石油	2	0.89%	0	―	1	4.35%	1	1.45%	0	―
ゴム	2	0.89%	0	―	0	―	1	1.45%	1	0.88%
窯業	9	4.00%	1	5.00%	0	―	3	4.35%	5	4.42%
鉄鋼	6	2.67%	0	―	0	―	0	―	6	5.31%
非鉄・金属製品	12	5.33%	0	―	1	4.35%	1	1.45%	10	8.85%
機械	16	7.11%	2	10.00%	1	4.35%	6	8.70%	7	6.19%
電気機器	29	12.89%	1	5.00%	4	17.39%	11	15.94%	13	11.50%
造船	2	0.89%	0	―	0	―	0	―	2	1.77%
自動車	9	4.00%	1	5.00%	2	8.70%	3	4.35%	3	2.65%
精密機器	5	2.22%	0	―	2	8.70%	2	2.90%	1	0.88%
その他製造	3	1.33%	0	5.00%	0	―	1	1.45%	1	0.88%
商社	7	3.11%	1	5.00%	0	―	3	4.35%	3	2.65%
小売業	8	3.56%	2	10.00%	1	4.35%	3	4.35%	2	1.77%
銀行	11	4.89%	2	10.00%	0	―	5	7.25%	4	3.54%
証券	3	1.33%	0	―	1	4.35%	2	2.90%	0	―
保険	6	2.67%	0	―	0	―	2	2.90%	4	3.54%
その他金融	1	0.44%	0	―	1	4.35%	0	―	0	―
不動産	6	2.67%	1	5.00%	1	4.35%	1	1.45%	3	2.65%
鉄道・バス	8	3.56%	0	―	1	4.35%	0	―	7	6.19%
陸運	2	0.89%	0	―	0	―	0	―	2	1.77%
海運	3	1.33%	0	―	1	4.35%	1	1.45%	1	0.88%
空運	1	0.44%	0	―	0	―	0	―	1	0.88%
倉庫	1	0.44%	0	―	0	―	0	―	1	0.88%
情報・通信	6	2.67%	0	―	0	―	3	4.35%	3	2.65%
電力	3	1.33%	0	―	0	―	0	―	3	2.65%
ガス	2	0.89%	0	―	0	―	0	―	2	1.77%
サービス・卸売	7	3.11%	0	―	2	8.70%	2	2.90%	3	2.65%
合計	225	100%	20	100%	23	100%	69	100%	113	100%

(2) Ｊストック構成銘柄企業と日経225構成銘柄企業との比較

　平成23年（2011年）の日経225構成銘柄企業におけるストック・オプションの導入状況は49.77％であり，同年のＪストック銘柄構成企業の65.22％を大幅に下回る結果になった。日経225構成銘柄企業では，業種間の差が大きく鉄鋼，非鉄・金属製品，造船，鉄道・バス，電力，ガスといったＪストック構成銘柄企業には少ないいわゆる「重厚長大型企業」と「インフラ系企業」ではほとんどストック・オプションが用いられていなかった。

　会計基準8号等適用後，新規にストック・オプション制度を導入した企業は日経225構成銘柄企業では8.88％であるのに対して，Ｊストック銘柄構成企業では5.80％であり，また，新規に付与がない企業は日経225構成銘柄企業では10.22％であるのに対してＪストック銘柄構成企業では18.84％となった。会計基準8号等適用前後ともに引き続き付与している企業は日経225構成銘柄企業で30.66％であるのに対し，Ｊストック構成銘柄企業では40.58％であった。つまり，会計基準適用後，ストック・オプションを付与した企業は日経225構成銘柄企業では39.54％（8.88％＋30.66％）であり，Ｊストック銘柄構成企業では46.38％（5.80％＋40.58％）となった。

　会計基準適用前後も含めたストック・オプション導入状況ではＪストック構成銘柄企業（65.22％）が日経225構成銘柄企業（49.77％）を大きく上回っているが，会計企業8号適用後のみではＪストック構成銘柄企業46.38％（65.22％より18.84％減少），日経225構成銘柄企業39.54％（49.77％より10.23％減少）となり，Ｊストック構成銘柄企業の方が大きく減少している結果となった。会計基準8号等の適用が，新興企業であり比較的小規模企業で構成されるＪストック構成銘柄企業において，日経225構成銘柄企業以上にストック・オプション制度の導入を抑制させている可能性がある。

2．ストック・オプションの付与に伴う費用計上が損益に与える影響調査

　第1節で述べた会計基準8号等が適用され費用計上が求められることになる前に行われた企業会計基準委員会による調査では，企業損益への影響は公開市場全体において，ストック・オプションの予想残存期間別で見た場合，最小1.38％から最大2.77％であり，「数％程度」との影響があるとの予測が

なされていた（財務会計基準機構2003, pp.70, 75）。特に，新興3市場においては，最小3.51％から最大6.72％であり，新興市場では費用計上が及ぼす影響が市場全体より大きく，また，一定ではないことが予測されていた。

本章においては，日本における代表的な新興市場であるジャスダックのJストック銘柄及び日本を代表する株価指数である日経平均を構成する東京証券取引所第一部上場銘柄の225社を取り上げ，費用計上が義務付けられた後のストック・オプションの導入状況と費用計上が企業損益に及ぼしている影響について調査をした。

(1) Jストック構成銘柄企業における費用計上

平成23年（2011年）1月から12月まで決算期においてストック・オプションの付与に伴い費用計上をした企業は24社であり，中央値は39百万円で最大値は295百万円，最小値は0.3百万円であった。当期純利益に対する比率では，中央値1.37％，最大値25.90％，最小値0.03％となった。なお，当期純利益が赤字企業の場合は，比率は絶対値としている。平成22年（2010年）1月から12月まで決算期においてストック・オプションの付与に伴い費用計上をした企業は23社であり，中央値は32百万円で最大値は374百万円，最小値は0.5百万円であった。当期純利益に対する比率では，中央値1.48％，最大値34.86％，最小値0.5％となった。平成21年（2009年）1月から12月までの決算期においてストック・オプションの付与に伴い費用計上をした企業は22社

図表8-6-1 費用額と対連結当期純利益影響度（Jストック構成銘柄企業）

	平成23年		平成22年		平成21年	
	費用額 （千円）	対当期純利益／純損失	費用額 （千円）	対当期純利益／純損失	費用額 （千円）	対当期純利益／純損失
中央値	39,593	1.37％	32,000	1.48％	37,416	0.98％
最大値	295,000	25.90％	374,000	34.86％	365,000	16.95％
最小値	327	0.03％	559	0.01％	85	0.01％
合計額	1,270,674	―	1,236,930	―	1,121,627	―
企業数	24		23		22	

※赤字企業の場合は，対当期純利益（純損失）の比率は絶対値とした。

第8章 付与されたストック・オプションの状況

図表8-6-2 企業別戻入益の計上状況（Jストック構成銘柄企業）

(単位：千円)

		当期純利益	戻入益	比率	費用額	比率
平成23年	ユニバーサル	4,468,000	67,000	1.50%	0	—
	デジタル・アド	1,745,601	9,708	0.56%	37,251	2.13%
	ファン	984,913	4,649	0.47%	16,870	1.71%
	エムティーアイ	1,797,757	7,456	0.41%	57,487	3.20%
	ベクター	146,871	118	0.08%	1,058	0.72%
	ヤフー	92,174,000	73,000	0.08%	186,000	0.20%
	ウエストH.	1,006,134	242	0.02%	327	0.03%
	ノジマ	3,708,983	336	0.01%	34,879	0.94%
	ビットアイル	903,793	67	0.01%	41,935	4.64%
	セラーテム	1,484,757	62	0.00%	42,243	2.85%
	インデックス	-4,498,000	1,000	-0.02%	46,000	1.02%
	日本通信	-359,650	6,334	-1.76%	71,886	19.99%
平成22年	日本マイクロ	175,000	185,000	105.71%	61,000	34.86%
	オプト	596,347	11,697	1.96%	8,840	1.48%
	ビットアイル	628,373	1,636	0.26%	24,316	3.87%
	ファン	904,105	1,765	0.20%	25,891	2.86%
	ユニバーサル	18,626,000	17,000	0.09%	3,000	0.02%
	日本通信	-1,242,091	351	-0.03%	68,059	5.48%
	インデックス	-7,376,000	9,000	-0.12%	1,000	0.01%
平成21年	デジタル・アド	296,102	1,809	0.61%	50,194	16.95%
	ビットアイル	336,569	1,435	0.43%	19,715	5.86%
	ファン	747,610	1,573	0.21%	13,035	1.74%
	ユニバーサル	-14,808,000	5,000	-0.03%	54,000	0.36%
	セラーテム	-927,894	513	-0.06%	85	0.01%
	日本マイクロ	-3,156,000	4,000	-0.13%	0	—
	ベクター	-53,363	1,206	-2.26%	1,206	2.26%
	フィールズ	-1,481,000	71,000	-4.79%	28,000	1.89%

※配列順は戻入益の対当期純利益に対する比率順。
※ユニバーサルはユニバーサルエンターテインメント，デジタル・アドはデジタル・アドバタイジング・コンソーシアム，ファンはファンコミュニケーションズ，セラーテムはセラーテムテクノロジー，日本マイクロは日本マイクロニクスが正式名。

であり，中央値は37百万円で最大値は365百万円，最小値は0.08百万円であった。当期純利益に対する比率では，中央値0.98%，最大値16.95%，最小値0.01%となった。なお，各期間に計上された費用額の合計は，平成23年（2011年）1,270百万円，平成22年（2010年）1,236百万円，平成21年（2009年）1,121百万円であった。

戻入益については，戻入益が計上された事例が平成23年（2011年）12件，平成22年（2010年）7件，平成21年（2010年）8件あった。対当期利益に対する比率では大半が1%以下であり損益に対する影響はほとんど見られなかった。ただ，大きな値の事例があり当期利益に対して105.71%（戻入益185,000千円／当期純利益175,000千円）と一部の企業においてはストック・オプションの権利不行使による戻入益の計上が損益に影響を与えている[33]。

(2) 日経225構成銘柄企業における費用計上

平成23年（2011年）1月から12月まで決算期においてストック・オプションの付与に伴い費用計上をした企業は75社であり，中央値は186百万円で最大値は18,638百万円，最小値は2百万円であった。当期純利益に対する比率では，中央値0.41%，最大値58.38%，最小値0.01%となった。なお，当期純利益が赤字企業の場合は，比率は絶対値としている。平成22年（2010年）1月から12月まで決算期においてストック・オプションの付与に伴い費用計上をした企業は72社であり，中央値は183百万円で最大値は9,737百万円，最小値は15百万円であった。当期純利益に対する比率では，中央値0.73%，最大値21.07%，最小値0.01%となった。平成21年（2009年）1月から12月までの決算期においてストック・オプションの付与に伴い費用計上をした企業は77社であり，中央値は177百万円で最大値は16,476百万円，最小値は5百万円であった。当期純利益に対する比率では，中央値0.48%，最大値

---

33) 野口（2006, pp.62-67）は新株予約権戻入益が計上される問題点を示し，戻し益のおかげで赤字転落を免れた企業があったと報告している。また，新株予約権戻入益とそれを含む会計利益は株式市場でどのように評価されているかについての実証分析では新株予約権戻入益を計上する企業における会計利益の価値関連性は低下することが示されている（野口，乙政，須田2008, pp.397-414）。

19.46％，最小値0.003％となった。なお，各期間に計上された費用額の合計は，平成23年（2011年）47,645百万円，平成22年（2010年）39,062百万円，平成21年（2009年）46,162百万円であった。

戻入益については，対当期利益に対する比率が27.26％（戻入益4,727百万円／当期純利益17,341百万円）という突出した事例が見られた[34]。大半が1％以下であり，損益に対する影響があるのはごく限られた事例のみであった。

図表8-7-1　費用額と対連結当期純利益影響度（日経225構成銘柄企業）

	平成23年		平成22年		平成21年	
	費用額（百万円）	対当期純利益／純損失	費用額（百万円）	対当期純利益／純損失	費用額（百万円）	対当期純利益／純損失
中央値	186	0.41％	183	0.73％	177	0.48％
最大値	18,638	58.38％	9,737	21.07％	16,476	19.46％
最小値	2	0.01％	15	0.01％	5	0.003％
合計額	47,645	—	39,062	—	46,162	—
企業数	75		72		77	

※赤字企業の場合は，対当期純利益（純損失）の比率は絶対値とした。

---

34) 有価証券報告書の「経営成績の分析」の「特別損益」の項目の中で，行使期間の満了，失効によるものと説明がされている。

図表8-7-2　企業別戻入益の計上状況（日経225構成銘柄企業）

(単位：百万円)

		当期純利益	戻入益	比率	費用額	比率
平成23年	トレンドマイクロ	17,341	4,727	27.26%	2,723	15.70%
	三越伊勢丹	2,640	118	4.47%	280	10.61%
	豊田通商	47,169	395	0.84%	436	0.92%
	新生銀行	42,650	225	0.53%	−34	−0.08%
	ダイキン工業	19,872	44	0.22%	322	1.62%
	デンソー	143,033	149	0.10%	861	0.60%
	凸版印刷	12,153	10	0.08%	0	—
	ヤフー	92,174	73	0.08%	186	0.20%
	信越化学	110,119	85	0.08%	259	0.24%
平成23年	キッコーマン	7,770	5	0.06%	0	—
	花王	46,737	20	0.04%	214	0.46%
	住友電気工業	70,614	1	0.00%	0	—
	日産自動車	319,221	3	0.00%	31	0.01%
	マツダ	−60,042	8	−0.01%	23	−0.04%
	日本電気	−12,518	8	−0.06%	0	—
平成22年	日立建機	4,019	141	3.51%	159	3.96%
	豊田通商	27,339	185	0.68%	418	1.53%
	日本電気	11,428	30	0.26%	0	—
	キッコーマン	8,602	17	0.20%	94	1.09%
	凸版印刷	11,703	23	0.20%	0	—
	デンソー	73,427	70	0.10%	968	1.32%
	ダイキン工業	19,390	12	0.06%	264	1.36%
	スカパーJSAT	14,223	8	0.06%	0	—
	住友電気工業	28,708	13	0.05%	0	—
	商船三井	12,722	5	0.04%	223	1.75%
	花王	40,506	13	0.03%	295	0.73%
	日産自動車	42,390	9	0.02%	307	0.72%
	信越化学	83,852	16	0.02%	1,218	1.45%
	マツダ	−6,478	4	−0.06%	109	−1.68%
	三越伊勢丹	−63,521	68	−0.11%	299	−0.47%
	新生銀行	−140,150	229	−0.16%	94	−0.07%
平成21年	三越伊勢丹	4,683	11	0.23%	0	—
	花王	64,462	9	0.01%	292	0.45%
	デンソー	−84,085	56	−0.07%	850	−1.01%

※配列順は戻入益の対当期純利益に対する比率順。
※スカパーJSATはスカパーJSATホールディングスが正式名。

(3) Jストック構成銘柄企業と日経225構成銘柄企業との比較

　中央値について見ると，平成23年の場合当期純利益に対する比率はJストック構成銘柄企業1.37％，日経225銘柄構成企業0.41％，平成22年の場合当期純利益に対する比率はJストック構成銘柄企業1.48％，日経225銘柄構成企業0.73％，平成21年の場合，当期純利益に対する比率はJストック構成銘柄企業0.98％日経225銘柄構成企業0.48％となった。個別企業ごとにばらつきがあるが，費用計上をしない場合，利益は過大に計上されるとの問題点があるとは現状では言い難い値となった。ストック・オプションの費用計上が義務付けられる前の企業会計基準委員会の調査において新興企業に与える影響は3.51～6.72％と予測されており，予測を大きく下回る結果となった。ただ，新興企業で構成されるJストック構成銘柄企業の方が大きな値となっており費用計上が損益に与える影響が新興企業の方が大きい。

　戻入益についても，Jストック構成銘柄企業と日経225構成銘柄企業ともに全体では損益に与える影響はほとんどないという結果であった。ごく限られた事例であるがなかには日経225構成銘柄企業では30％近くのケースや，Jストック構成銘柄企業では100％を超えるケースもあった。

3. 役員報酬開示状況

　日経225構成銘柄企業のうち，平成23年（2011年）1月から12月までの決算期において，連結決算ベースでストック・オプション付与に伴い費用計上している企業は75社であり，うち67社の提出会社の役員報酬等の欄においてストック・オプションが報酬の一項目として開示されていた。67社のうち60社が監査役会設置会社であり7社が委員会設置会社であった。

(1) 役員報酬等の合計額に占めるストック・オプションによる報酬額の割合

　ストック・オプションによる報酬が役員報酬等に占める割合は，監査役会設置会社の平均では13.75％であり，委員会設置会社の平均では13.99％となった。ストック・オプションを付与している企業においては，役員報酬等の合計額の約1割程度がストック・オプションに拠っている[35]。

図表8-8　ストック・オプション報酬額の割合

	平成23年					
	監査役会設置会社（60）			委員会設置会社（7）		
	役員報酬等合計（百万円）	ストック・オプションによる報酬（百万円）	※ストック・オプション報酬額の割合	役員報酬等合計（百万円）	ストック・オプションによる報酬（百万円）	※ストック・オプション報酬額の割合
中央値	549.50	68.00	11.75%	720.00	83.00	12.61%
最大値	1,889.00	616.00	47.21%	1,961.00	431.00	29.74%
最小値	150.00	1.00	0.16%	352.00	26.00	3.61%
平均値	654.30	97.63	13.75%	948.57	127.57	13.99%
合計	39,258.00	5,858.00	14.92%	6,640.00	893.00	13.45%

※「ストック・オプション報酬額の割合」における数値（%）は監査役会設置会社60社分と委員会設置会社7社分のデータにおける中央値等のものであり，この図表における「ストック・オプションによる報酬」÷「ストック・オプションによる報酬」の結果ではない。

(2) 役員報酬等としてのストック・オプション報酬額に占める付与対象者の割合

役員報酬等の一項目としてのストック・オプションの報酬額のうち，監査役設置会社で取締役の区分にて開示されている額は全体の93.59%，委員会設置会社で執行役区分にて開示されている額は全体の76.65%となっている。

---

35) 住友信託銀行証券部が平成23年（2011年）に1,897社を対象にした調査では，報酬の種別をa）基本報酬，b）賞与，c）ストック・オプション，d）退職慰労金とした上で集計し，ストック・オプションが報酬に占める割合を示している。例えば取締役の区分では，c/(a+c)で13.0%，c/(a+b+c)で12.9%，c/(a+c+d)で7.3%，c/(a+b+c+d)で9.5%（住友信託銀行証券部2011，pp.8-12）。

第8章 付与されたストック・オプションの状況

図表8-9-1　監査役設置会社

	平成23年（対象60社）					
	取締役		監査役		社外監査役・社外取締役	
	取締役に対するストック・オプション報酬（百万円）(a)	(a)／全報酬額のストック・オプション	監査役に対するストック・オプション報酬（百万円）(b)	(b)／全報酬額のストック・オプション	社外監査役・社外取締役に対するストック・オプション報酬（百万円）(c)	(c)／全報酬額のストック・オプション
中央値	67	100.00%	0	0.00%	0	0.00%
最大値	616	100.00%	26	39.29%	26	100.00%
最小値	0	0.00%	0	0.00%	0	0.00%
平均値	95	93.59%	1	1.43%	2	4.89%
合計	5,687	―	72	―	99	―

図表8-9-2　委員会設置会社

	平成23年（対象7社）					
	執行役		取締役		社外取締役	
	執行役に対するストック・オプション報酬（百万円）(a)	(a)／全報酬額のストック・オプション	取締役に対するストック・オプション報酬（百万円）(b)	(b)／全報酬額のストック・オプション	社外取締役に対するストック・オプション報酬（百万円）(c)	(c)／全報酬額のストック・オプション
中央値	80	82.31%	9	9.38%	0	0.00%
最大値	331	100.00%	89	80.77%	12	16.67%
最小値	5	19.23%	0	0.00%	0	0.00%
平均値	102	76.65%	21	19.86%	4	3.49%
合計	715	―	150	―	28	―

第4節　結び

　平成17年（2005年）12月の会計基準8号等の導入の背景として日本におけるストック・オプションの利用の活発化が挙げられていた（会計基準8号, par.1）。その後，全上場企業の約4割の企業において利用されるようになったストック・オプションであるが，平成19年（2007年）以降は同水準で推移

しており近年ストック・オプションの利用は増えていない。今回調査のＪストック構成銘柄企業においては約6.5割，日経225構成銘柄企業においては約5割の企業がストック・オプション制度を導入していることが判明したが，全上場企業と同様過去3年間利用企業数は増えていない。

また，会計基準8号等導入以降のみでみた場合，Ｊストック構成銘柄企業でストック・オプション制度を取りやめている企業が13社であり，新規導入企業の4社を上回る状況であった。日経225構成銘柄企業でストック・オプション制度を取りやめている企業が23社であり，新規導入企業の20社[36]を上回る状況であった。Ｊストック構成銘柄企業及び日経225構成銘柄企業ともにストック・オプションが継続して活発的に利用されているとは言い難いものであった。特にＪストック構成銘柄企業において会計基準8号等導入後ストック・オプションの利用が抑制されている[37]。

費用計上が企業損益に与える影響では，Ｊストック構成銘柄企業及び日経225構成銘柄企業ともに中央値で概ね1％以下で，個別企業ごとにばらつきがあるものの，費用計上をしない場合，利益は過大に計上されるとの問題点があるとは現状では言い難い値となり，大半の企業において，ストック・オプション付与に伴う費用計上額は量的に重要性が高いものとは言えないものであった。しかしながら，有価証券報告書には費用計上額のみならず，算定根拠となる仔細な情報開示が求められており企業の業務負担は重く費用計上額が企業損益に与える影響が大きくない企業の開示内容は簡素化を検討すべきと考える。

量的に重要性が高いとは言えない費用計上額についての信頼性やストック・オプションの対価性や等価性に疑義が呈されている。新興市場企業など一定の規模以下の企業には，ストック・オプションの公正な評価や開示業務から解放するために，未公開企業[38]と同様に本源的価値評価も許容し，ストック・オプション制度を再度活発化するための環境整備として企業負担の軽

---

36) 脚注30)，31)でみたとおり株式取得による子会社化によるものが含まれ実質では18社。
37) わが国においてストック・オプション制度は当初，新規事業育成をする上で，人材確保を円滑化するために導入されたものであった（通商産業省産業政策局産業資金課 1997, p.20)。
38) 会計基準8号, par.13

減を検討すべきである。そして，ストック・オプションの導入当初の目的である新規事業育成を推進することが重要である。

役員報酬等の開示においては，役員報酬等に占めるストック・オプションの割合が概ね1割程度であったが，開示される報酬額が会計上の費用計上額に拠るものであり，その情報が株主や投資家に対し適切に経営者のインセンティブ構造を示しているか否か検討すべきと考える。

本章における調査はJストック構成銘柄企業や日経225構成銘柄企業などに限られたものであり，会計基準8号等が導入されてから数年が経過しデータの蓄積も増えたことから，今後の国際的な会計基準[39]の動向に併せて，会計基準8号等が適用される前に企業会計基準委員会にて行われた質問票の送付やインタビューによる調査[40]に倣い多くの企業を対象に調査を行い，日本におけるストック・オプションの開示や会計の見直しの課題を整理する必要がある。

---

[39] 2007年11月にFASBから予備的見解文書「資本としての特性を備えた金融商品」が公表されその中で予備的結論となっている狭義資本説（basic ownership approach）という考え方において，ストック・オプションは負債と位置付けられている（FASB 2007, par. 28）。負債と位置付けることによる影響について山田（2008, p.84），野口（2010, p.6）が詳しく述べている。欧州ではPro-active Accouting Activities in Europe（PAA in E）により公表されたDiscussion Paper, Distinguishing between Liabilities and Equityにおいて資本とされている。PAA in E及びFASBから予備的見解文書については，山田（2008, pp.84-93），野口（2010, pp.1-12）が詳しく検討をしている。また，包括利益に対応する会計処理となるような考え方が，Ohlson and Penman（2005）に代表される新負債説として取り上げられており，Ohlson and Penman（2005）については，斎藤（2006, pp.1-14）にて検討がされている。

[40] サンプル数として公開企業1,803サンプル，インタビュー調査が79社に行われ結果が集計された（財務会計基準機構2003, pp.1-2）。

(参考資料-1) 企業別費用計上状況（ジャストック構成銘柄企業）

(単位：千円)

業種	企業名および決算月		平成23年			平成22年			平成21年		
			当期純利益	費用額	比率	当期純利益	費用額	比率	当期純利益	費用額	比率
建設業	ウエストH.	8月	1,006,134	327	0.03%	1,127,894	1,964	0.13%	238,553	1,636	0.69%
化学	ポラテクノ	3月	1,570,392	29,149	1.86%	1,073,280	27,552	2.57%	-1,526,093	19,385	-1.27%
機械	ユニバーサル	3月	4,468,000	0	0.00%	18,626,000	3,000	0.02%	-14,808,000	54,000	-0.36%
電気機器	エレコム	3月	2,777,397	10,968	0.39%	735,252	38,362	5.22%	1,310,972	26,711	2.04%
電気機器	日本マイクロニクス	9月	-2,837,000	72,000	-2.54%	175,000	61,000	34.86%	-3,156,000	0	0.00%
精密機器	ナカニシ	12月	4,694,866	10,193	0.22%	4,687,912	9,140	0.19%	4,338,149	0	0.00%
精密機器	朝日インテック	6月	2,161,643	67,717	3.13%	1,497,805	46,065	3.08%	445,862	0	0.00%
その他製造	フルヤ金属	6月	3,615,000	17,000	0.47%	3,428,000	0	0.00%	-4,503,000	0	0.00%
その他製造	ビットアイル	7月	903,793	41,935	4.64%	628,373	24,316	3.87%	336,569	19,715	5.86%
情報・通信	セラーテムテクノロジー	6月	1,484,757	42,243	2.85%	603,911	35,392	5.86%	-927,894	85	-0.01%
情報・通信	ヤフー	3月	92,174,000	186,000	0.20%	83,523,000	190,000	0.23%	74,715,000	143,000	0.19%
情報・通信	ジュピターテレコム	12月	37,278,000	47,000	0.13%	37,690,000	103,000	0.27%	30,453,000	66,000	0.22%
情報・通信	インデックス	8月	-4,498,000	46,000	-1.02%	-7,376,000	1,000	-0.01%	-14,383,000	0	0.00%
情報・通信	USEN	8月	2,263,000	0	0.00%	1,052,000	0	0.00%	-59,564,000	47,000	-0.08%
情報・通信	日本通信	3月	-359,650	71,886	-19.99%	-1,242,091	68,059	-5.48%	-1,192,421	40,925	-3.43%
情報・通信	エムティーアイ	9月	1,797,757	57,487	3.20%	1,824,916	55,129	3.02%	1,669,553	42,575	2.55%
卸売	フィールズ	3月	7,520,000	0	0.00%	3,289,000	0	0.00%	-1,481,000	28,000	-1.89%
小売業	ベクター	3月	146,871	1,058	0.72%	282,212	559	0.20%	-53,363	1,206	-2.26%

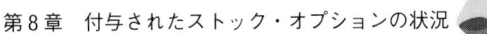

第8章 付与されたストック・オプションの状況

業種	企業名および決算月		平成23年			平成22年			平成21年		
			当期純利益	費用額	比率	当期純利益	費用額	比率	当期純利益	費用額	比率
小売業	ノジマ	3月	3,708,983	34,879	0.94%	4,629,564	27,122	0.59%	2,624,980	4,293	0.16%
小売業	VT H.	3月	2,763,000	0	0.00%	1,809,245	15,539	0.86%	-423,184	46,960	-11.10%
銀行	セブン銀行	3月	16,008,000	66,000	0.41%	17,953,000	46,000	0.26%	16,988,000	48,000	0.28%
証券	スパークス・グループ	3月	-3,698,000	7,000	-0.19%	398,000	43,000	10.80%	-23,317,000	44,000	-0.19%
不動産	エイブル&パートナーズ	10月	7,664,000	32,000	0.42%	—	—	—	—	—	—
サービス	いちごアセットGH.	2月	620,000	50,000	8.06%	1,807,000	32,000	1.77%	-48,171,000	26,000	-0.05%
サービス	オプト	12月	600,803	30,711	5.11%	596,347	8,840	1.48%	507,105	33,907	6.69%
サービス	ファンコミュニケーションズ	12月	984,913	16,870	1.71%	904,105	25,891	2.86%	747,610	13,035	1.74%
サービス	デジタル・アド	3月	1,745,601	37,251	2.13%	—	—	—	296,102	50,194	16.95%
サービス	楽天	12月	-1,139,000	295,000	-25.90%	34,956,000	374,000	1.07%	53,564,000	365,000	0.68%

※ユニバーサルはユニバーサルエンターテインメント。デジタル・アドはデジタル・アドバタイジング・コンソーシアムが正式名。エイブル&パートナーズは平成22年に組織変更を行っており、平成23年との継続性がなく平成22年と平成21年はデータ未掲載。デジタル・アドバタイジング・コンソーシアムは平成22年に決算期を変更しており、平成22年の該当データなし。

(参考資料-2) 企業別費用計上状況（日経225構成銘柄企業）

(単位：百万円)

業種	企業名および決算月		平成23年			平成22年			平成21年		
			当期純利益	費用額	比率	当期純利益	費用額	比率	当期純利益	費用額	比率
建設	積水ハウス	1月	30,421	73	0.24%	-29,277	76	0.26%	11,516	92	0.80%
建設	コムシスH.	3月	9,543	134	1.40%	7,097	179	2.52%	10,062	69	0.69%
食品	日本ハム	3月	16,731	0	0.00%	15,721	0	0.00%	1,657	40	2.41%
食品	キッコーマン	3月	7,770	0	0.00%	8,602	94	1.09%	2,746	38	1.38%
食品	日清製粉グループ本社	3月	14,187	57	0.40%	16,839	47	0.23%	13,852	29	0.21%
食品	キリンH.	12月	7,407	86	1.16%	47,099	82	0.17%	81,972	104	0.13%
食品	日本たばこ産業	3月	144,961	202	0.14%	138,448	209	0.15%	123,400	179	0.15%
繊維	日清紡H.	3月	11,184	46	0.41%	1,896	48	2.53%	-1,285	49	3.81%
繊維	帝人	3月	25,182	91	0.36%	-35,683	106	0.30%	-42,963	100	0.23%
パルプ・紙	王子製紙	3月	24,619	67	0.27%	24,886	56	0.23%	-6,324	73	1.15%
化学	日本化薬	5月	13,004	29	0.22%	9,871	28	0.28%	3,718	19	0.51%
化学	宇部興産	3月	17,267	69	0.40%	8,217	72	0.88%	11,664	80	0.69%
化学	三菱ケミカルH.	3月	83,581	83	0.10%	12,833	0	0.00%	-67,178	140	0.21%
化学	東ソー	3月	10,014	82	0.82%	6,890	81	1.18%	-25,262	80	0.32%
化学	資生堂	3月	12,790	194	1.52%	33,671	185	0.55%	19,373	113	0.58%
化学	クラレ	3月	28,742	437	1.52%	16,315	81	0.50%	12,984	99	0.76%
化学	花王	3月	46,737	214	0.46%	40,506	295	0.73%	64,462	292	0.45%
化学	富士フイルムH.	3月	63,852	606	0.95%	-38,441	557	1.45%	10,524	436	4.14%
化学	信越化学	3月	110,119	259	0.24%	83,852	1,218	1.45%	154,731	830	0.54%
医薬品	協和発酵キリン	12月	25,608	86	0.34%	22,197	82	0.37%	8,797	94	1.07%
医薬品	エーザイ	3月	67,394	129	0.19%	40,338	127	0.31%	47,678	57	0.12%

174

第8章 付与されたストック・オプションの状況

業種	企業名および決算月		平成23年			平成22年			平成21年		
			当期純利益	費用額	比率	当期純利益	費用額	比率	当期純利益	費用額	比率
医薬品	武田薬品工業	3月	247,868	180	0.07%	297,744	180	0.06%	234,385	86	0.04%
医薬品	中外製薬	12月	35,234	240	0.68%	41,433	264	0.64%	56,634	213	0.38%
医薬品	アステラス製薬	3月	67,650	338	0.50%	122,257	325	0.27%	170,986	302	0.18%
医薬品	第一三共	3月	70,121	649	0.93%	41,852	836	2.00%	-215,499	381	0.18%
石油	JX H.	3月	311,736	0	0.00%	29,811	239	0.80%	-40,494	177	0.44%
ゴム	ブリヂストン	12月	102,970	255	0.25%	98,913	178	0.18%	1,043	203	19.46%
窯業	TOTO	3月	5,115	73	1.43%	878	79	9.00%	-26,261	103	0.39%
窯業	日本碍子	3月	24,463	93	0.38%	17,808	116	0.65%	24,467	118	0.48%
窯業	日本板硝子	3月	292	55	18.84%	-4,832	203	4.20%	21,597	239	1.11%
窯業	旭硝子	12月	95,290	323	0.34%	123,184	283	0.23%	19,985	331	1.66%
非鉄・金属製品	住友電気工業	3月	70,614	0	0.00%	28,708	0	0.00%	17,237	6	0.03%
機械	アマダ	3月	2,716	86	3.17%	-3,739	0	0.00%	8,488	0	0.00%
機械	IHI	3月	29,764	117	0.39%	17,378	107	0.62%	-7,407	92	1.24%
機械	荏原製作所	3月	28,191	258	0.92%	5,441	103	1.89%	-13,113	0	0.00%
機械	日本精工	3月	26,110	146	0.56%	4,765	133	2.79%	4,561	118	2.59%
機械	日立建機	3月	11,088	0	0.00%	4,019	159	3.96%	18,253	333	1.82%
機械	ダイキン工業	3月	19,872	322	1.62%	19,390	264	1.36%	21,755	247	1.14%
機械	小松製作所	3月	150,752	137	0.09%	33,559	413	1.23%	78,797	376	0.48%
機械	三菱重工	3月	30,117	324	1.08%	14,163	326	2.30%	24,217	388	1.60%
電気機器	日本電気	3月	-12,518	0	0.00%	11,428	0	0.00%	-296,646	8	0.00%
電気機器	富士通	3月	44,765	21	0.05%	126,121	28	0.02%	47,881	25	0.05%
電気機器	太陽電	3月	-5,506	39	0.71%	-680	35	5.15%	-14,332	44	0.31%

175

業種	企業名および決算月	決算月	平成23年			平成22年			平成21年		
			当期純利益	費用額	比率	当期純利益	費用額	比率	当期純利益	費用額	比率
電気機器	アドバンテスト	3月	3,163	165	5.22%	−11,454	143	1.25%	−74,902	248	0.33%
電気機器	京セラ	3月	122,448	190	0.16%	40,095	160	0.40%	29,506	215	0.73%
電気機器	TDK	3月	45,264	372	0.82%	13,520	302	2.23%	−63,160	333	0.53%
電気機器	東京エレクトロン	3月	71,924	385	0.54%	−3,033	619	6.65%	7,543	664	8.80%
電気機器	キヤノン	12月	248,630	748	0.30%	246,603	643	0.26%	131,647	564	0.43%
電気機器	デンソー	3月	143,033	861	0.60%	73,427	968	1.32%	−84,085	850	1.01%
電気機器	ソニー	3月	−259,585	1,952	0.75%	−40,802	2,202	5.43%	−98,938	3,446	3.48%
自動車	マツダ	3月	−60,042	23	0.04%	−6,478	109	1.63%	−71,489	132	0.18%
自動車	日野自動車	3月	−10,041	122	1.22%	−3,011	107	3.55%	−61,839	46	0.07%
自動車	日産自動車	3月	319,221	31	0.01%	42,390	307	0.72%	−233,709	381	0.16%
自動車	トヨタ自動車	3月	408,183	2,522	0.62%	209,456	2,446	1.17%	−436,937	3,015	0.69%
精密機器	ニコン	3月	27,312	100	0.37%	−12,615	93	0.74%	28,055	86	0.31%
精密機器	コニカミノルタH.	3月	25,896	130	0.50%	16,931	157	0.93%	15,179	182	1.20%
その他製造	大日本印刷	3月	25,032	2	0.01%	23,278	0	0.00%	−20,933	0	0.00%
その他製造	凸版印刷	3月	12,153	0	0.00%	11,703	0	0.00%	−7,730	9	0.12%
商社	住友商事	3月	200,222	234	0.12%	165,365	207	0.13%	215,078	258	0.12%
商社	豊田通商	3月	47,169	436	0.92%	27,339	418	1.53%	40,224	437	1.09%
商社	三菱商事	3月	463,188	1,240	0.27%	274,846	1,617	0.59%	369,543	1,303	0.35%
小売業	三越伊勢丹	2月	2,640	280	10.61%	−63,521	299	0.47%	4,683	0	0.00%
小売業	イオン	2月	59,688	281	0.47%	31,123	187	0.60%	−2,760	380	13.77%
小売業	ファーストリテイリング	8月	54,354	853	1.57%	61,681	0	0.00%	49,797	0	0.00%
小売業	セブン＆アイH.	2月	111,961	297	0.27%	44,375	369	0.82%	92,336	391	0.42%
銀行	千葉銀行	3月	40,611	108	0.27%	37,579	0	0.00%	12,392	0	0.00%

第8章 付与されたストック・オプションの状況

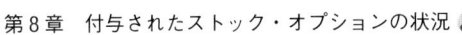

業種	企業名および決算月		平成23年			平成22年			平成21年		
			当期純利益	費用額	比率	当期純利益	費用額	比率	当期純利益	費用額	比率
銀行	三井住友F.G.	3月	475,895	180	0.04%	271,559	15	0.01%	−373,456	22	0.01%
銀行	静岡銀行	3月	36,155	72	0.20%	32,755	75	0.23%	13,012	71	0.55%
銀行	横浜銀行	3月	47,089	117	0.25%	30,946	121	0.39%	7,344	87	1.18%
銀行	新生銀行	3月	42,650	−34	0.08%	−140,150	94	0.07%	−143,084	636	0.44%
銀行	みずほF.G.	3月	413,228	1,367	0.33%	239,404	1,548	0.65%	−588,814	1,187	0.20%
銀行	三菱UFJ F.G.	3月	583,079	3,082	0.53%	388,734	2,799	0.72%	−256,952	2,913	1.13%
証券	大和証券グループ本社	3月	−37,331	1,226	3.28%	43,429	1,061	2.44%	−85,039	947	1.11%
証券	野村H.	3月	31,925	18,638	58.38%	68,086	9,737	14.30%	−780,265	16,476	2.11%
保険	NKSJ H.	3月	−12,918	631	4.88%	—	—	—	—	—	—
保険	東京海上H.	3月	71,924	547	0.76%	128,418	479	0.37%	23,141	432	1.87%
不動産	三菱地所	3月	64,219	80	0.12%	11,900	101	0.85%	45,423	75	0.17%
不動産	三井不動産	3月	49,909	149	0.30%	60,084	157	0.26%	83,572	133	0.16%
海運	商船三井	3月	58,277	347	0.60%	12,722	223	1.75%	126,987	381	0.30%
情報・通信	スカパーJSAT H.	3月	4,421	0	0.00%	14,223	0	0.00%	4,047	5	0.12%
情報・通信	KDDI	3月	255,122	402	0.16%	212,764	535	0.25%	222,736	495	0.22%
サービス・卸売	コナミ	3月	12,934	0	0.00%	13,314	0	0.00%	10,874	12	0.11%
サービス・卸売	ヤフー	3月	92,174	186	0.20%	83,523	190	0.23%	74,715	143	0.19%
サービス・卸売	トレンドマイクロ	12月	17,341	2,723	15.70%	12,720	2,680	21.07%	17,638	2,404	13.63%

※ F.G.はフィナンシャルグループの略称。H.はホールディングスの略称。JX H.の平成22年と平成21年の数値はJX H.設立前のJX日鉱日石金属のもの。費用額には販売費および一般管理費のほかに売上原価、製造原価、損害調査費、電気通信事業営業費用等の項目で計上されていた分を含む。

終　章

結論及び今後の課題

第1節　結　論

　ストック・オプションは，労働役務への対価として付与されることから費用計上をしない場合，利益は過大に計上されるとの問題点が1948年に米国で公表された会計基準ARB37において指摘がされて以降，半世紀超を経た2004年にIFRS2及びFAS123Rが公表され，日本においても平成17年（2005年）12月に会計基準8号が公表され原則，公正価値に基づく費用計上が求められることなり，ストック・オプションの会計基準においてもいわゆる国際的コンバージェンスが図られることとなった。

　公正価値に基づく費用計上により国際的コンバージェンスが図られることになったものの，ストック・オプションには，権利確定，権利行使，失効及び公正な評価等において不確実な要素があり，会計基準上，引き続き検討すべき課題が残されている。本書では，日本，米国及び国際基準における会計処理や会計基準について，その発展及び現状を明らかにするとともに，日本の法律上での変化や税制について把握を行った。

　その上で，ストック・オプションの費用計上の必要性を認めながらも，権利確定，権利行使，失効及び公正な評価等において不確実な要素があることで生じている問題点について先行研究を踏まえ取り上げ，特に，ストック・オプションに関する税効果会計やストック・オプションの簿記上の問題点に

ついての考察を行った。また，わが国におけるストック・オプション費用計上の状況について，会計基準8号が適用され費用計上が求められることになる前に行われた実態調査及び会計基準8号適用後のJストック構成銘柄企業と日経225構成銘柄企業に対する費用計上状況の集計を踏まえ，ストック・オプション制度の重要性，それに伴って計上される報酬コストの重要性，さらにその不安定性についての考察を行った。そして，これらの考察に基づき新たな問題提起を行うことでストック・オプションに関連するわが国の会計基準がより整備されることを本書の目的とした。

　ストック・オプションに関する税効果会計についての考察では，特に，権利確定，権利行使における多くの不確実な要素があり回収可能性の判断の困難性が生じていることを指摘し，税効果会計の適用の見直しを取り上げた。税制非適格ストック・オプションのストック・オプションに係る費用について，付与時において将来減算一時差異に該当するとし税効果会計の対象となるとしている。しかしながら，ストック・オプションの権利確定，権利行使において，税効果会計を適用するには多くの不確実な要素があり，特に，権利確定後から権利行使されるまでの期間が複数年度にまたがり長く，権利行使により，税務上において損金算入されるか否かの予想はし難く，回収可能性の判断において困難さが生じている。したがって，税効果会計の適用にあたっては「期末に，将来の一定の事実の発生が見込めないこと」（報告第66号4-2）となる可能性が生じており，税制非適格ストック・オプションに税効果会計を適用することを再考すべきとした。

　ストック・オプションの簿記上の問題点については，権利確定前の貸方の勘定については権利確定後の勘定とは区別すべきとした。権利確定前の貸方の勘定は，対象勤務期間があるストック・オプションの場合，サービスの提供の完了による企業とストック・オプション保有者の関係の変化や失効に伴う会計処理との整合性により，権利確定後の勘定とは区別すべきであり，権利確定の偶発性，新株予約権として計上される金額の不確定さなどの不確実性より，「新株予約権仮勘定」等が相当と考えられるとした。

　わが国におけるストック・オプションの実態については以下のとおりであった。近年，全上場企業の約4割の企業において利用されるようになったス

終章　結論および今後の課題

トック・オプションであるが，平成19年（2007年）以降は同水準で推移しておりストック・オプションの利用は増えていない。今回調査のＪストック構成銘柄企業においては約6.5割，日経225構成銘柄企業においては約５割の企業がストック・オプション制度を導入していることが判明したが，Ｊストック構成銘柄企業及び日経225構成銘柄企業ともに過去３年間利用企業数は増えていない。また，会計基準８号等導入以降のみでみた場合，ストック・オプション制度を取りやめている企業が，新規導入企業社を上回る状況であり，ストック・オプションが継続して活発的に利用されているとは言い難いものであった。

　ストック・オプションの費用計上の影響については，費用計上が求められる前の企業会計基準委員会の調査に拠れば当期利益に対して「数％程度」であった。Ｊストック構成銘柄企業及び日経225構成銘柄企業における費用計上の集計では１％に及ばない数値となった。

　一方，企業会計基準委員会の市場別の数値では6.72％という数値があり，実際に個別企業においては，数十％を超える企業もあり「数％程度」の影響という数値とは大きく乖離した結果となり，費用計上の重要性を示す結果となった。また，企業会計基準委員会の市場全体及び残存期間別の数値では0.70％から6.72％，Ｊストック構成銘柄企業では平成21年の集計においては0.01％から16.95％，平成22年の集計においては0.01％から34.86％，平成23年の集計においては0.03％から25.90％，日経225構成銘柄企業では平成21年の集計においては0.003％から19.46％，平成22年の集計においては0.01％から21.07％，平成23年の集計においては0.01％から58.38％と様々な結果となり，ストック・オプションの付与に伴う費用計上の影響は一定ではない。

第２節　今後の課題

　IASBは，2007年９月にIAS第１号「財務諸表の表示」を再改訂した。これは，2005年にFAS130「包括利益の報告」との整合性の観点から改訂したものを再度改訂したものである。そこでは純利益を廃止し，包括利益を導入する方向で議論がされている。

野口（2008b, pp.51-52）に拠れば，ストック・オプションに関する会計においても包括利益に対応する会計処理となるような考え方が，Ohlson and Penman（2005）に代表される新負債説として取り上げられている。それは，報酬に関する費用計上額は付与日における公正な評価額に基づいて測定するとし，付与後のストック・オプションは金融商品として扱うといったものである。そして，権利不確定による失効による損益計上や金融商品としての時価変動差額はその他包括利益の金額に反映させるといったものであり，報酬に関する費用は純利益に代わる新たな利益へ反映されることになる。国際的な包括利益の導入が大きな流れであり，ストック・オプションの会計処理においても包括利益導入に向けての対応が課題となる。

　第二の課題として，現在，日本基準において純資産とされているストック・オプションの区別の見直しの課題がある。国際的コンバージェンスのもと，現在，IASBとFASBとの修正共同プロジェクトとしてIAS第32号「金融商品：表示」の規定を改善し簡素化するためのプロジェクトが進められており，そのプロジェクトに関連してFASBから予備的見解文書「資本の特徴を有する金融商品」が公表された。その中で予備的結論となっている「基本的所有アプローチ」という考え方において，ストック・オプションは負債と位置付けられている。

　本書においては，権利確定前の貸方の勘定については権利確定後の勘定とは区別すべきとしてきた。権利確定前後とも，現在，日本基準において，純資産ではあるが持分ではないとしているが，負債と資本の区別の見直しが進むなか，ストック・オプションを引き続き純資産とするか否かの検討は今後の残された課題となる。

　第三の課題として，失効に伴う会計処理等においても国際基準との収斂に向けての改正作業を行っていかなければならないという課題がある。2008年1月IFRS2の一部改訂が公表され，権利不確定による失効について，権利確定の前倒しとして会計処理されることになり，権利確定期間の残りの期間にわたって認識されたであろう金額を直ちに費用認識しなければならないとされた。前述のOhlson and Penman（2005, p.34）においても権利不確定による失効分を費用計上することとしており，現在，権利不確定による失効

分を見積りの見直しとして処理している日本基準との相違がある。権利確定後の不行使による失効に伴う会計処理や条件変更に伴う会計処理についても，現在，日本基準とIFRS2, FAS123Rとの相違がある（野口2006b, pp.63-64）。これらの相違についても，国際的コンバージェンスの観点より再検討すべき課題である。

参考文献

●日本語文献

相澤哲・石井祐介（2006）「株主総会以外の機関」『商事法務』1761，12-23頁。
相澤哲・豊田祐子（2005）「新株予約権」『商事法務』1742，17-27頁。
相澤哲・葉玉匡美・郡谷大輔（2006）『論点解説新会社法』商事法務。
秋葉賢一（2006）「『貸借対照表の純資産の部の表示に関する会計基準』について」『JICPAジャーナル』607，25-31頁。
アーサーアンダーセン（1997）『実務家のためのストック・オプション―仕組みから手続きまで―』税務経理協会。
アーンスト・アンド・ヤング（2006）『International GAAP®2005第1巻International GAAPの概要』雄松堂出版。
安部健介・須藤一郎（2008）『新株予約権の法務・会計・税務』税務研究会出版局。
荒尾泰則（2000）「第13章　ストック・オプションの適用範囲の拡大」『新訂版　ストック・オプションの実務』商事法務，284-325頁。
安藤直久（1995）「取引相場のない株式評価の近代化に向けて」『財界観測』60(9)，2-45頁。
安藤英義（2005）「『中小企業の会計』の統合に向けた検討委員会委員長に聞く『中小企業の会計に関する指針』をめぐって」『企業会計』57(11)，97-103頁。
衣川修平（2007）「Ⅳ-1　減損会計に関わる税効果会計」齋藤真哉編著『減損会計の税務論点』中央経済社，115-123頁。
池田幸典（2007）「ASBJ『純資産の部』の特徴―企業会計基準第5号に関する検討―」『高崎経済大学論集』第49巻第3・4合併号，105-115頁。
池村恵一（2006）「ストック・オプション会計の国際的課題―ストック・オプションの区分問題を中心に―」『會計』170(1)，67-79頁。
生駒道弘（1967）『経営学モノグラフ10　ストック・オプションの研究』評論社。
石坂洋二・岩田孝代（1997）「ストック・オプション制度の税務問題」『企業会計』49(9)，38-46頁。
伊藤邦雄（2012）『ゼミナール現代会計入門第9版』日本経済新聞出版社。
上田秀一（2002）『国際会計基準審議会（IASB）公開草案2号株式報酬（Share Based-payment）の解説』http://www.asb.or.jp/html//iasb/manual/ias_ed02.pdf
上田秀一（2003）「IFRS（国際財務報告基準）公開草案『株式報酬』におけるストック・オプションの取扱い」『旬刊経理情報』No.1008，13-17頁。
上柳克郎・鴻常夫・竹内昭夫（1986）『新版注釈会社法(3)　株式(1)』有斐閣。

氏原茂樹（2007）「『純資産の部』の特質」『産業経理』66(4)，37-46頁。
江頭憲治郎（2011）『株式会社法第4版』有斐閣。
大塚成男（1995）「ストック・オプションをめぐるFASB基準設定プロセスの動揺」『産業経理』（10月），67-77頁。
大蔵財務協会（1986）「昭和60年版回答事例による『所得税質疑応答集』」。
奥村洋彦（2008）「繰り返される金融危機『不確実性』の分析不可欠」『日本経済新聞』平成20年6月26日朝刊，33頁。
荻原正佳（1999）「第4章 IASにおけるストック・オプションの取扱いの現状」『ストック・オプション等の会計をめぐる論点』財団法人企業財務制度研究会 206-210頁。
大渕博義（2005）「親会社株式によるストック・オプションの権利行使益を給与所得とした最高裁判決の波紋（上）」『税経通信』（4月）17-32頁。
大藪俊哉（1978）『簿記の計算と理論』税務研究会出版局。
乙政正太（2001）「ストック・オプション制度と会計上の利益」『阪南論集』Vol.36 No.4，79-83頁。
川﨑清昭（2006）「日税研究賞受賞論文から 類似業種比準方式の問題点とその対応策―取引相場のない株式の評価に関して―」『税研』22(3)，110-117頁。
川島いずみ（2004）「第2章 ストック・オプションに関する商法の規制Ⅱ 新株予約権に関する規定の整備とストック・オプション」『全訂版ストック・オプションの実務』商事法務，36-50頁。
神田秀樹（2008）『会社法〔第10版〕』弘文堂。
木目田裕・上島正道（2008）「インサイダー取引規制における実務上の諸問題(3) 規制の概要と法166条の成立要件（下）」商事法務1844，36-42頁。
企業会計基準委員会（2002）『ストック・オプション会計に係る論点の整理』。
企業会計基準委員会（2002）『実務対応報告第1号「新株予約権及び新株予約権付社債の会計処理に関する実務上の取扱い」』。
企業会計基準委員会基本概念ワーキング・グループ（2004）『討議資料「財務会計の概念フレームワーク」』。
企業会計基準委員会（2004）『企業会計基準公開草案第3号「ストック・オプション等に関する会計基準（案）』。
企業会計基準委員会（2004）『企業会計基準公開草案第3号「ストック・オプション等に関する会計基準（案）」の公表』
企業会計基準委員会（2005）『改正企業会計基準第1号「自己株式及び準備金の額の減少等に関する会計基準」』。
企業会計基準委員会（2005）『改正企業会計基準適用指針第2号「自己株式及び準備金の額の減少等に関する会計基準」』。

企業会計基準委員会（2005）『企業会計基準公開草案第6号「貸借対照表の純資産の部の表示に関する会計基準（案）」』。
企業会計基準委員会（2005）『企業会計基準適用指針公開草案第9号「貸借対照表の純資産の部の表示に関する会計基準等の適用指針（案）」』。
企業会計基準委員会（2005）『企業会計基準公開草案第11号「ストック・オプション等に関する会計基準（案）」』。
企業会計基準委員会（2005）『企業会計基準適用指針公開草案第14号「ストック・オプション等に関する会計基準の適用指針（案）」』。
企業会計基準委員会（2005）『企業会計基準第8号「ストック・オプション等に関する会計基準」』。
企業会計基準委員会（2005）『企業会計基準適用指針第11号「ストック・オプション等に関する会計基準の適用指針」』。
企業会計基準委員会（2005）『企業会計基準第5号「貸借対照表の純資産の部の表示に関する会計基準」』。
企業会計基準委員会（2005）『企業会計基準適用指針第8号「貸借対照表の純資産の部の表示に関する会計基準等の適用指針」』。
企業会計基準委員会（2005）『改正実務対応報告第1号「旧商法による新株予約権及び新株予約権付社債の会計処理に関する実務上の取扱い」』。
企業会計基準委員会（2005）『実務対応報告第16号「会社法による新株予約権及び新株予約権付社債の会計処理に関する実務上の取扱い」』。
企業会計基準委員会（2006）『討議資料「財務会計の概念フレームワーク」』。
企業会計基準委員会（2006）『改正企業会計基準適用指針第4号「1株当たり当期純利益に関する会計基準の適用指針」』。
企業会計基準委員会（2006）『改正企業会計基準適用指針第11号「ストック・オプション等に関する会計基準の適用指針」』。
企業会計基準委員会（2008）『改正企業会計基準第10号「金融商品に関する会計基準」』。
企業会計基準委員会（2011）『改正企業会計基準第12号「四半期財務諸表に関する会計基準」』。
企業会計審議会（1948）『企業会計原則』。
企業会計審議会（1997）『連結財務諸表原則』。
企業会計審議会（1998）『税効果会計に係る会計基準の設定に関する意見書』。
企業会計審議会（1998）『税効果会計に係る会計基準注解』。
企業会計審議会（1999）『金融商品に係る会計基準』。
企業会計審議会（1999）『外貨建取引等会計処理基準』。
金原達夫（2000）「株式公開企業の分布に関する分析―店頭登録企業を中心に―」

『地域経済研究（広島大学経済学部附属地域経済研究センター）』11, 95-104頁.
金融庁（2002）『証券市場の改革推進プログラム』http://www.fsa.go.jp/news/newsj/14/syouken/f-20020806-2.html。
金融庁（2008）『金融検査マニュアル（預金等受入金融機関に係る検査マニュアル）』
黒田敦子（1999）『アメリカ合衆国における自己株報酬・年金の法と税制—Stock-Based Compensation—』税務経理協会．
経済産業省（2005）『平成18年度税制改正について』http://www.meti.go.jp/press/20051215012/3-zeiseikaisei-set.pdf。
国税庁（2010）『平成20年度分会社標本調査—調査結果報告—税務統計から見た法人企業の実態』
財団法人財務会計基準機構（2003）『調査研究シリーズ No.1　ストック・オプション会計の国際比較』財団法人財務会計基準機構．
財団法人財務会計基準機構（2003）『調査レポートシリーズ No.1　わが国におけるストック・オプション制度に関する実態調査』財団法人財務会計基準機構．
財団法人財務会計基準機構（2011）『有価証券報告書の作成要領（平成23年3月期提出用）』財団法人財務会計基準機構．
斎藤静樹（2004）「ストック・オプションの費用と資本会計—条件付株主持分の認識と評価—」『會計』165(3), 1-16頁．
斎藤静樹（2006）「株式購入オプションの会計基準とその争点」『會計』170(1), 1-14頁．
齋藤真哉（1999）『税効果会計論』森山書店．
齋藤真哉（2003）「退職給与引当金の廃止が及ぼす問題点—長期的差異の増大と配分範囲」『企業会計』55(2), 32-37頁．
齋藤真哉（2005）「第2部第3章　財務諸表の構成要素」斎藤静樹編著『詳解討議資料　財務会計の概念フレームワーク』中央経済社, 56-69頁．
財務省大臣官房文書課（2006）『ファイナンス別冊平成18年度税制改正の解説』大蔵財務協会．
椎葉淳・瀧野一洋（2010）「ストック・オプションの評価誤差—理論・実証研究からの示唆」『名古屋商科大論集』54(2), 89-107頁．
柴健次（1999）『自己株式とストック・オプションの会計』新世社．
嶌村剛雄（1991）『体系財務会計論』中央経済社．
ジャスダック証券取引所（2008）『信頼と活力のある新興市場の機能向上に向けたアクションプラン』http://www.jasdaq.co.jp/data/kaiken_shiryou200825.pdf
首藤昭信（2008）「第4部第14章　債務契約における留保利益比率の意義」須田一

幸編著『会計制度の設計』白桃書房，275-297頁。
新日本監査法人（2002）『税効果会計の実務』中央経済社。
神野真理（2003）『中小企業の会計基準／動向とその対策』日本法令。
鈴木大介・多辺田将（2009）「従業員等の意思決定と従業員ストック・オプションの費用認識の根拠」『麗澤経済研究』17(2)，85-95頁。
鈴木直行・古市峰子・森毅（2004）「負債に関する会計基準を巡る国際的な動向と今後の検討課題」『金融研究』23(2)，23-47頁。
須田一幸（2001）「第6章 税効果会計の意義と問題点」中村忠編著『制度会計の変革と展望』白桃書房。
住友信託銀行証券代行部（2010）「有価証券報告書における役員報酬開示の事例分析」『別冊商事法務No.349』商事法務。
住友信託銀行証券代行部（2011）「有価証券報告書における役員報酬開示の傾向〔平成22年・23年の事例分析〕」『別冊商事法務No.362』商事法務。
醍醐聰（2003）「第7章 自己資本比率と税効果会計」醍醐聰編集・田中健二編著『クローズアップ現代会計3 金融リスクの会計』東京経済情報出版，145-165頁。
醍醐聰（2004）「税効果会計と確定決算主義」『会計』166(6)，1-13頁。
醍醐聰（2010）「ストック・オプションの費用認識の根拠と基準の再構成」『産業経理』69(4)，18-27頁。
大和証券SMBC（2007）『2007年3月31日現在ストック・オプション導入会社の年度別推移，規模別割合，権利行使期間とアップ率の分布等』http://www.daiwasmbc.co.jp/pdf/sop1.pdf 大和証券SMBC。
高田剛（2006）「株主総会に係る変更点と実務対応」『企業会計』58(4)，38-46頁。
瀧田輝己（1995）『財務諸表論〔総論〕』千倉書房。
竹口圭輔（2002）「わが国におけるストック・オプションの潜在的コスト」『会計』161(3)，131-144頁。
武田隆二（1966）「調整意見書の周辺―税法と企業会計との調整に関する意見書の批判」『産業経理』26(12)，59-66頁。
武田隆二（2006）「第1章 中小会社会計指針の基礎的フレームワーク」武田隆二編著『中小会社の会計指針』中央経済社，14-32頁。
武田隆二（2008）『最新財務諸表論〈第11版〉』中央経済社。
龍田節・江頭憲治郎・関俊彦・小林量・竹中正明・遠藤博志（1992）「自己株式取得の規制緩和をめぐって」『商事法務』1285，6-33頁。
田中一嘉（2005）「日本企業のストック・オプション」『DIR Market Bulletin』2005年新春号Vol.3，6-51頁。
田中建二（2006）「会計上の資本の内と外」『會計』169(4)，1-12頁。

田中建二（2011）「ストック・オプション会計再考」『會計』180(4), 14-28頁。
タワーズペリン東京支店・日興コーディアル証券（2009）『ストック・オプション導入概況』http://www.nikko.co.jp/news/2009/pdf/090911.pdf
タワーズワトソン・日興コーディアル証券（2010）『ストック・オプション導入概況』http://www.nikko.co.jp/news/2010/pdf/101228.pdf?cid=npr_nc_n2u_00019h
千葉良雅（1995）「業績対応型の取締役報酬制度の概要—ソニーの事例について—」『商事法務』1402, 66-69頁。
千葉良雅（1997）「ストック・オプション制度の我が国企業への導入」『JICPAジャーナル』No.508, 35-39頁。
中央クーパース・アンド・ライブランド・アドバイザーズ株式会社（1999）『ストック・オプション実務ハンドブック』中央経済社。
中小企業庁（2010）『中小企業白書（平成22年版）』。
中小企業の会計に関する検討会（2012）『中小企業の会計に関する基本要領』。
通商産業省産業政策局産業資金課（1997）『新規事業法とストック・オプション』商事法務研究会。
坪井洋一郎（1998）「非公開株式の評価をめぐる一視点 —商法および税法における評価問題を中心に—」『企業法学』7号, 125-142頁。
ティーアンドエーマスター（2003）「Weekly News ストック・オプション会計論点整理に対するコメントを検討 ASB・費用認識の要否は最終的に判断」『T&Amaster』2003.6.9, 13頁
東京証券取引所（2007）『上場制度総合整備プログラム』http://www.tse.or.jp/rules/seibi/2007program.pdf
豊田俊一（2005）「企業会計基準公開草案第3号『ストック・オプション等に関する会計基準（案）』の概要」『旬刊経理情報』No.1074, 8-14頁。
水町勇一郎（2003）「第1章　総則第11条【賃金の定義】」『東京大学労働法研究会編注釈労働基準法上巻』有斐閣, 168-177頁。
内藤良祐（2000）「第12章　ストック・オプションと労働法上の問題」商事法務研究会編『新訂版　ストック・オプションの実務』商事法務, 271-283頁。
中田信正（1999）『税効果会計詳解—基準形成と計算構造』中央経済社。
中田信正（2000）「税効果会計」『企業会計』52(1), 45-55頁。
中田信正（2008）「繰延税金資産の脆弱性」『産業経理』68(3), 4-16頁。
中村勝典・松下欣親（2003）『図解ストック・オプションの導入手順早分かり』中経出版。
中村忠（1984）『財務会計論』国元書房。
中村忠（1997）『新版財務会計論』白桃書房。

中村忠（2003）『制度会計の基礎知識』税務研究会出版局。
中村忠（2005a）『簿記の考え方・学び方［四訂版］』税務経理協会。
中村忠（2005b）『新稿現代会計学［九訂版］』白桃書房。
中村忠（2008）『新訂現代簿記（第5版）』白桃書房。
名越洋子（1996）「新株引受権の供与とストック・オプション―役員報酬の二形態」『企業会計』48(8), 123-127頁。
名越洋子（1997）「ストック・オプションにかんする税効果会計―米国の会計基準と税法にてらして―」『経済と経済学』第84号, 57-65頁。
西川郁夫・豊田俊一・大日向雅子（2003）「ストック・オプション会計に係る論点の整理をめぐって」『JICPAジャーナル』No.573, 26-38頁。
日興コーディアル証券・タワーズペリン東京支店（2006）『ストック・オプション導入概況（速報）』http://www.nikko.co.jp/news/2006/pdf/060627.pdf。
日興コーディアル証券・タワーズペリン東京支店（2008）『ストック・オプション導入概況』http://www.nikko.co.jp/news/2008/pdf/080905.pdf
日本公認会計士協会（1998）『個別財務諸表における税効果会計に関する実務指針』。
日本公認会計士協会（1999）『監査委員会報告第66号繰延税金資産の回収可能性の判断に関する監査上の取扱い』。
日本公認会計士協会（2002）『会計制度委員会報告第14号「金融商品会計に関する実務指針」及び金融商品会計に関するQ&Aの改正について』。
日本公認会計士協会（2003）『「ストック・オプション会計に係る論点の整理」に対する意見』。
日本公認会計士協会（2007）『税効果会計に関するQ&A』。
日本公認会計士協会（2007）『会計制度委員会報告第14号「金融商品会計に関する実務指針」及び『金融商品会計に関するQ&A』の改正について』。
日本公認会計士協会，日本税理士連合会，日本商工会議所，企業会計基準委員会（2011）『中小企業の会計に関する指針（平成23年版）』。
日本ローン債権市場協会（2007）『会社法がシンジケートローン実務に影響を与えうる論点及び対応の検討』の公表について』https://www.jsla.org/uploadfile/320070319175547.pdf。
沼田嘉穂（1983）『簿記教科書［再訂版］』同文舘出版。
野口晃弘（1989）「ストック・オプションの会計―オプション評価モデルを利用した場合―」『名古屋商科大学論集』Vol.34, No.1, 37-50頁。
野口晃弘（1993）「繰延役員報酬勘定の性格」『会計』144(6), 72-79頁。
野口晃弘（1994a）「ストック・オプションの政治問題化―アメリカ会計学会に出席して―」『経済科学』, 42(2), 65-70頁。

野口晃弘（1994b）「自社株による報酬の会計」『名古屋商科大学論集』Vol.38, No.2, 151-159頁。

野口晃弘（1997）「ストック・オプション制度による報酬の開示」『会計』152(5), 41-50頁。

野口晃弘（1999）「条件付持分証券の会計」新世社。

野口晃弘（2001）「第3章 ストック・オプションの本質と会計処理」中村忠編著『制度会計の変革と展望』白桃書房。

野口晃弘（2004a）『条件付新株発行の会計』白桃書房。

野口晃弘（2004b）「払込資本と留保利益の区別―商法からの資本会計の自立―」『季刊企業と法創造』1(3), 130-134頁。

野口晃弘（2005）「『概念フレームワーク』における資本会計上の課題」『税経通信』60(2), 39-43頁。

野口晃弘（2006a）「純資産の部と新株予約権の会計問題」『JICPA ジャーナル』18(1), 85-90頁。

野口晃弘（2006b）「新株予約権の表示方法に内在する会計問題」『企業会計』58(9), 62-67頁。

野口晃弘（2007）「会社計算規則における利益の資本組入禁止規定の検討」『産業経理』67(3), 63-69頁。

野口晃弘（2008a）「第1部第2章 会社法計算規定と資本会計における諸問題」須田一幸編著『会計制度の設計』白桃書房, 26-44頁。

野口晃弘（2008b）「ストック・オプション会計基準の課題」『会計・監査ジャーナル』631(2), 48-54頁。

野口晃弘・乙政正太・須田一幸（2008）「第5部第19章 新株予約権の失効に伴う会計処理」須田一幸編著『会計制度の設計』白桃書房, 397-414頁。

野口晃弘（2010）「二元的資本計算の可能性」『日本大学商学部会計学研究所』24, 1-12頁。

花崎正晴・松下佳菜子（2010）「ストック・オプションと企業パフォーマンス―オプション価格評価額に基づく実証分析―」『経済経営研究』30(4), 1-114頁。

浜田道代（1986）「株式の評価」平出慶道・今井潔・浜田道代編集『現代株式会社法の課題―北沢正啓先生還暦記念』有斐閣, 429-487頁。

原省三（2006）「法人税法と商法，企業会計の相互関係と今後調整すべき課題について」『税務大学校論叢』51, 449-507頁。

原俊雄（2003）「ストック・オプションの会計処理をめぐる諸問題」『横浜経営研究』24(1・2), 91-98頁。

原田満範（2008）「企業会計原則と新会計基準を考える」『会計』174(2), 14-25頁
引地夏奈子（2011）『ストック・オプションの会計問題』中央経済社。

藤田敬司（2005）「ストック・オプション会計の進展と論点」『立命館経営学』44(3), 1-26頁。

渕田康之・大崎貞和（2002）「『エンロン後』の米国資本市場改革を検証する」『資本市場クォータリー』6(2), 1-15頁。

前田庸（1997）『会社法入門〔第5版〕』有斐閣。

前田庸（2003）『会社法入門〔第9版〕』有斐閣。

前田庸（2009）『会社法入門〔第12版〕』有斐閣。

牧口晴一・齋藤孝一（2008）『非公開株式譲渡の法務・税務』中央経済社。

松田道春（2003）「平成15年6月25日発遣『財産評価基本通達』改正による種類株式・ストック・オプションの取扱いについて」『旬刊経理情報』No.1030, 28-31頁。

三上二郎・坂本英之（2006）「役員報酬，ストック・オプション」『商事法務』1776, 28-37頁。

三浦良造・長山いづみ・野間幹晴・伊藤正晴・千葉義夫（2006）「ストック・オプションの価値評価と会計基準」http://www.ics.hit-u.ac.jp/jp/fs/20060301_stockoptionresearch.pdf 一橋大学大学院企業戦略研究科ワーキングペーパー。

緑川正博（2004）『非公開株式の評価―商法・税法における理論と実務―』ぎょうせい。

森川八洲男（1985）『精鋭簿記論［Ⅰ］』白桃書房。

森本滋（1997）「議員立法によるストック・オプション制度」『商事法務』1459, 2-14頁。

保岡興治（1997）「ストック・オプション制度等に係る商法改正の経緯と意義」『商事法務』1458, 2-10頁。

山田純平（2008）「米国と欧州における負債・持分識別問題の動向とその問題点」『産業経理』68(2), 84-93頁。

與三野禎倫（2002）『ストック・オプション会計と公正価値測定』千倉書房。

吉川満・吉井一洋（2005）「ストック・オプション会計へのコメント―1 会計処理編」『大和総研制度調査部情報』, 1-4頁。

米山正樹（2007）「第1部第2章　討議資料の基本的な考え方」斎藤静樹編著『詳解討議資料　財務会計の概念フレームワーク（第2版）』中央経済社, 32-33頁。

渡邊芳樹・鶴見寛（2003）『新株予約権の会計と申告実務Q&A』中央経済社。

●英語文献

American Institute of Accountants, Committee on Accounting Procedure (1948), *Accounting Research Bulletin No. 37, "Accounting for Compensation in the Form of Stock Options"*

American Institute of Accountants, Committee on Accounting Procedure (1953), *Accounting Research Bulletin No. 37 (Revised), "Accounting for Compensation Involved in Stock Option and Stock Purchase Plans"*

American Institute of Accountants, Committee on Accounting Procedure (1953), *Accounting Research Bulletin No. 43, "Restatement and Revision of Accounting Research Bulletins"*

American Institute of Certified Public Accountants (1984), *Issues Paper, "Accounting for Employee Capital Accumulation Plans"*

Baker, John Calhoun (1940) "Stock Options for Executives", *Harvard Business Review*, Vol. XIX No. 1, pp. 106-122.

Bear, Stearns (2005) "2004 Earnings Impact of Stock Options on the S&P 500 & NASDAQ 100 Earnings", March, pp. 1-29 http:www.iasplus.com/resource/0503bearstearns.pdf

Beresford, Dennis R. (1996) "What Did We Learn from Stock Compensation Project?", *Accounting Horizons*, June, pp. 125-130.

Boudreaux, Kenneth J. & Stephen A. Zeff (1976) "A Note on the Measure of Compensation Implicit in Employee Stock Options", *Journal of Accounting Research*, Spring, pp. 158-162.

Dechow, Patricia M., Amy P. Hutton, and Rechard G. Sloan, (1996) "Economic Consequences of Accounting for Stock-Based Compensation", *Journal of Accounting Research*, Vol. 34, Supplement, pp. 3-4.

Deutsches Rechnungslegungs Standards Committee (DRSC), European Financial Reporting Advisory Group (EFRAG), Accounting Standards Board (ASB), Conseil National de la Comptabilité (CNC), Foreningen af Statsautoriserede Revisorer (FSR), Organismo Italiano di Contabilità (OIC) (2008) *Pro-active Accoutning Activities in Europe (PAAinE), Discussion Paper, "Distingushing between liabilities and equity"*.

Delaney, Patrick R. and James R. Adler (1993) *GAAP 1994 Interpretation and Application of Generally Accepted Accounting Principles*, John Wiley and Sons, Inc.

Dillavou, E. R. (1945) "Employee Stock Options", *The Accounting Review*, Vol. 20 No. 3, pp. 320-326.

参考文献

Dohr, Jame L. (1945) "Accounting for Compensation in the Form of Stock Options", *Journal of Accountancy*, Vol. 80 No. 6, pp. 439–443.

Epstein, Barry J., Ralph Nach and Steven M. Bragg (2005) *GAAP 2006 Interpretation and Application of Generally Accepted Accounting Principles*, John Wiley and Sons, Inc.

Financial Accounting Standards Board (1978) *FASB Interpretation No. 28, "Accounting for Stock Appreciation Rights and Other Variable Stock Option or Award Plans"*.

Financial Accounting Standards Board (1984) *Invitation to Comment, "Accounting for Compensation Plans Involving Certain Rights Granted to Employees"*.

Financial Accounting Standards Board (1985) *Statement of Financial Accounting Concepts No. 6, "Elements of Financial Statements"*.

Financial Accounting Standards Board (1992) *Statement of Financial Accounting Standards No. 107, "Disclosures about Fair Value of Financial Instruments"*.

Financial Accounting Standards Board (1992) *Statement of Financial Accounting Standards No. 109, "Accounting for Income Taxes"*.

Financial Accounting Standards Board (1993) *Exposure Draft, Proposed Statement of Financial Accounting Standards, "Accounting for Stock-based Compensation"*.

Financial Accounting Standards Board (1995) *Statement of Financial Accounting Standards No. 123, "Accounting for Stock-Based Compensation"*.

Financial Accounting Standards Board (2002) *Statement of Financial Accounting Standards No. 148, "Accounting for Stock-Based Compensation-Transition and Disclosure an amendment of FASB Statement No. 123"*.

Financial Accounting Standards Board (2004a) *Exposure Draft, Proposed Statement of Financial Accounting Standards, "Share-Based Payment an amendment of FASB Statements No. 123 and 95"*.

Financial Accounting Standards Board (2004b) *Statement of Financial Accounting Standards No. 123 (revised 2004), "Share-Based Payment"*.

Financial Accounting Standards Board (2004c) FAS No.123 (revised 2004) Share-Based Payment Frequently Asked Questions.

Financial Accounting Standards Board (2007) *Preliminary Views "Financial Instruments with Characteristics of Equity"*.

Financial Accounting Standards Board (2009) *Statement of Financial Accounting Standards No. 168, "The FASB Accounting Standards Codification^{TM} and the Hierarchy of Generally Accepted Accounting Principles a replacement of FASB Statement No. 162"*.

Haley, Brain W. & Thomas A. Ratcliffe (1982) "Accounting for Incentive Stock Options", *CPA Journal*, October 1982, pp. 32-38.

Hull, John C. (1997) *Options, Futures, and Other Derivatives*, 3rd ed. Prentice Hall.

International Accounting Standards Board (2002) *Exposure Draft, ED2 share-based Payment*.

International Accounting Standards Board (2004a) *Basis for Conclusions on IFRS2 Share-based Payment*.

International Accounting Standards Board (2004b) *IFRS2 Share-based Payment*.

International Accounting Standards Board (2008) *Amendments to IFRS2 Share-based Payment Vesting Conditions and Cancellations*.

International Accounting Standards Committee (2000) *G4+1 Position Paper: Accounting for Share-based Payment*.

Kaplan, R. S. and K. G. Palepu (2003) "Expensing Stock Options: A Fair-Value Approach", *Harvard Business Review*, Vol. 81 No. 12, pp. 105-108.

Kieso, D. E., Weygandt, J. J., and Warfield, T. D. (2004) *Intermediate Accounting*, 11th ed. John Wiley and Sons, Inc.

Knight, Frank H. (1921) *Risk, uncertainty and profit*, Houghton Mifflin. 奥隅榮喜訳 (1972)『現代経済学名著選集Ⅳ 危険・不確実性および利潤（再版）』文雅堂銀行研究社。

Michael Kirschenheiter, Rohit Mathur, and Jacob K. Thomas (2004) "Accounting for Employee Stock Options", *Accounting Horizons*, Vol. 18 No. 2, pp. 135-156.

Ohlson, J. A. and S. H. Penman (2005) "Debt vs. Equity: Accounting for Claims Contingent on Firms' Common Stock Performance with Particular Attention to Employee Compensation Options" White Paper No. 1, Center for Excellence in Accounting and Security Analysis, Columbia Business School.

Robinson, D. and D. Burton (2004) "Discretion in financial reporting: the voluntary adoption of fair value accounting for employee stock options", *Accounting Horizons*, Vol. 18 No. 2, pp. 97-108.

Rouse, W. R. and D. N. Barton (1993) "Stock compensation accounting", *Journal of Accountancy*, Vol. 175 No. 6, pp. 67-70.

Rubinstein, Mark (1995) "On the accounting valuation of employee stock options", *The Journal of Derivatives*, Vol. 3 No. 1, pp. 8-24.

U. S. Securities and Exchange Commission (2005) Press Release 2005-57 "Commission Amends Compliance Dates for FASB Statement No. 123R on Employee Stock Options"

【著者紹介】
山下　克之（やました　かつゆき）
昭和37年（1962年）愛知県生まれ。ワシントン大学オーリンビジネススクール（MBA）修了，名古屋大学大学院経済学研究科博士課程（後期課程）修了。名古屋大学博士（経済学）。事業会社，金融機関を経て，現在，追手門学院大学准教授。

■ストック・オプション会計
■発行日──2013年2月26日　初版発行　　〈検印省略〉
■著　者──山下克之
■発行者──大矢栄一郎
■発行所──株式会社　白桃書房
　　　　　〒101-0021　東京都千代田区外神田5-1-15
　　　　　☎03-3836-4781　📠03-3836-9370　振替00100-4-20192
　　　　　http://www.hakutou.co.jp/

■印刷・製本──藤原印刷

© Katsuyuki Yamashita 2013 Printed in Japan　ISBN 978-4-561-36201-2 C3034

本書のコピー，スキャン，デジタル化等の無断複製は著作権法上での例外を除き禁じられています。本書を代行業者等の第三者に依頼してスキャンやデジタル化することは，たとえ個人や家庭内の利用であっても著作権法上認められておりません。

JCOPY 〈㈳出版者著作権管理機構 委託出版物〉
本書の無断複写は著作権法上の例外を除き禁じられています。複写される場合は，そのつど事前に，㈳出版者著作権管理機構（電話 03-3513-6969，FAX 03-3513-6979，e-mail：info@jcopy.or.jp）の許諾を得てください。

落丁本・乱丁本はおとりかえいたします。